【文庫クセジュ】

ジャーナリズムの100語

フランソワ・デュフール著
村松恭平訳

Que sais-je?

白水社

François Dufour, *Les 100 mots du journalisme*
(Collection QUE SAIS-JE ? N° 4135)

私の仕事はですね！
高い能力が必要で、素晴らしい仕事です。
世界の情報を一日で集め、毎朝それを人々に投げかけるのです。
彼らを狭い世界に閉じ込める因習、穴、退屈、マンネリから、
彼らを抜け出させるのです。
――ジョゼフ・ケッセル（『幸福の後に来るもの』）

序文

ジャーナリズムは私の四番目の仕事だ。一九八五年からは発明家（ボードゲーム『プレイバック』、『レ・ザンコラブル』〔クイズゲーム〕とその米国版『ブレイン・クエスト』、『モン・コティディヤン』など）、次には起業家、それから編集者、一九九五年からジャーナリストをしている。アウトサイダーだった私は、子どもたちのために書くという責任を持ってこの仕事を実地で学んだ。そのことが私を一部の人よりも慎重に、そして厳格にした。というのも、ジャーナリストはいくつかの規則に従う職業だからだ。その規則は遵守し、説明し、広めるべきものだ。

ジャーナリズムの規則の裏で、本書の一〇〇語は個人的選択によるものである。選ばれるに値した語はほかにもある。たとえば、取材許可申請、キャッチフレーズ、ＡＲＣＯＭ（視聴覚とデジタルコミュニケーション規制機関）、ベルナール・アルノー、自己検閲、ＢＢＣ、ＢＦＭＴＶ、ブルームバーグ、ヴァン

サン・ボロレ、短信、バズ、黒塗り、検閲、リード、『シャルリー・エブド』紙、良心条項、CNews、CNN、原稿、同業組合主義、汚職、報道、批評家、情報の歪曲、ドキュメンタリー、著作隣接権、メディア教育、フィクサー〔海外メディアによる取材や撮影に同行してサポートする人〕、FOXニュース、フリゴ〔「冷蔵された」状態の未掲載記事〕、グーグル、『ガーディアン』紙、年代順の記述、インフルエンサー、インスタグラム、人工知能、ダニエル・クレチンスキー〔チェコの富豪・実業家〕、内部告発者、長編、定時ニュース、大見出し、メディア、『メディアパルト』〔フランスのオンライン新聞〕、ジャーナリストの副業〔知名度を利用して別の仕事で報酬を得ること〕、ニュース、ニュースレター、新しい表現、『ウエスト・フランス』紙、執筆者一覧、ページビュー、パニュルジスム〔パニュルジュの羊たちのように揃ってほかのメディアの真似をすること〕、パパラッチ、記事（とイベント告知記事）、『パリ・マッチ』誌、PDF、ゴシップ、多元主義、ポッドキャスト、出版物、プロンプター、第四の権力、配信、文章の大幅削減、文字数、情報過多、センセーショナリズム、公共サービス、ジャーナリスト全国組合（SNJ）、スポンサー付き、誇張演出、タブロイド判、スクリーンタイム、TF1〔フランスの民間テレビ局〕の十三時ニュース、真実（ロシア語の『プラウダ（Pravda）』〔「真実」の意。ロシアの新聞名でもある〕もいいじゃないか）、取材旅行、広告の効果指標、ウィキペディアなどだ。しかし、以上の語を扱うスペースはなかった。一〇〇は一〇〇だ。

私は本書を、二十一世紀の今も殺害されたり、負傷したり、投獄されたり、ジャーナリズムの仕事を妨害されたりするすべてのジャーナリストに捧げる。特に中国とロシアのジャーナリストに。

ジャーナリズム万歳！

注意：

（一）内容にいくらか重複があることは申し訳ないが、この仕事でよく言われる「理解度の自由」を私は尊重した。いかなる読者も全部を読むことも、最初から最後まで順に読むことも強制されないということだ。

（二）私は英語好きの性分で、かつ正確な原語を重視するのだが、スペースが足りないためにフランス語に翻訳したり要約したりせざるを得なかった。非常に残念だ。ごく簡単な引用文は英語のままにした。いずれにせよ、読者の皆さんは授業で英語を十年間学んだはずだ。

追記（過去を懐かしんで）：

本書は、学生時代の私が好きだった「クセジュ」からは遠く感じる。文章の半分には下線が引かれ、もう半分には……マーカーが引かれていた（スタビロ社〔ドイツの筆記具メーカー〕が一九七一年に蛍光ペンを開発した）。完全に専門的なクセジュ——プロスペル・ヴェイユが執筆したライトブルーの表紙の『行政法』——は、私のパリ政治学院時代（一九七九〜一九八二年）の相棒だった。

目次

凡例

◎新聞・雑誌名は原書の表記に倣い、冠詞が含まれる場合はその読みを片仮名に置き換えた。

◎書籍名は邦訳されているものはその書名を、ないものは訳者による。

◎本文内における〔 〕は、訳者における補足である。

◎読みやすさ、理解のしやすさを考慮し、原文にはない改行を適宜加えた。

ニュース

ニュースは地理的に変化する。どの国、どの地方、どの村に住んでいるかによって異なる。どのメディアを選ぶかによっても異なる。世界中でニュースになる出来事は稀である。ジョン・F・ケネディの死とドミニク・ストロス＝カーンの逮捕は世界の至るところでニュースになった。ジョニー〔・アリディ〕の死と〔ジェローム・〕カユザック大臣の失墜も至るところでニュースになった……が、フランス国内においてだ。二〇一八年のオーストラリアにおけるクリケットの不正スキャンダルは、フランスではニュースにならなかった。

したがって、ニュースを選ぶのは各メディアと各編集長である。メディアはその編集路線に応じて、あるいはその出来事を報道したいか、視聴者にとって重要か、彼らの関心を引くかを考慮しながらニュースを決めるのだ。危惧されるのは、AFP通信の記事を書き写したメディアをほかのメディアが書き写し、またそれを別のメディアが書き写すことである。かくして同じニュースがしばしば何度も繰り返されるこの流れは、一部の同業者による模倣や怠惰なパニュルジスムによって助長される。もし重大なへまを書き写せば事態は深刻だ（グレゴリー事件や「ボディ」事件など）。

編集長の役目は、規定演技《コンパルソリー》（重要なニュース、避けられないニュース）と自由演技《フリープログラム》（変わったニュース、意外なニュース）の間でちょうどよいバランスを見つけることである。動画や写真が必要になると、メディアに困難が生じる。「映像はある？」「映像として何がある？」はテレビではよくある質問だ！　それゆえ、分かりやすい映像（軍隊パレード、ファッションショー、ロケットの打ち上げ、ドッグレース、スポーツ、天気予報、祭典、王室の結婚式など）たっぷりのニュースを放送し過ぎるリスクがある。デモのときには「破壊分子〔公共物や商店などを破壊する人〕はいらない！　二十時のニュースはいらない！」という言葉が聞こえてくる。ジャーナリズムとショーの間の境界はごく薄い。

グレゴリー事件

手本にしてはならない例から学ぶことに最も大きな効果があるならば、グレゴリー事件はフランス人にとってジャーナリズムの最良の教訓である。事件のロングバージョン？　ロランス・ラクールの著書『無実の者の火刑台』（*Le Bûcher des innocents*, 650p）を読むとよい。彼女はユーロップ1〔フランスのラジオ放送局〕のためにこの事件を取材したあと、うんざりしてジャーナリストを辞めた。以下はこの本からの抜粋である。

ビストロ内がどよめく。男女の客たちが、彼らがまったく知らない事件についてでたらめに話し始めたのだ。まもなく私たちジャーナリストも彼らと同じように話し始める。十八時、ユーロップ1が人々のこうした本能的な反応を放送する。私がほかのジャーナリストと同じようにグレゴリーの祖父母を訪問するのを諦めたために、被害者家族の涙の映像がなかったからだ。私は逃げたかった。(『リベラシオン』紙の)ドニ(・ロベール)も同じ思いだった。残念なことに、私たちの局の編集部からの指示が数時間のうちに変わった。殺人犯が逮捕されるまで現地にとどまらなければならない、もし可能ならば自分自身でその殺人犯を探しなさい、という指示になった。

ショートバージョン? ほぼすべてのメディアにより、以下のジャーナリズムのルールが踏みにじられた――事実の確認、事実と意見を分けること、プライバシーの尊重、無罪推定、ニュース・インタビュー・写真を捏造しないこと、同業者に追従したり仕事を剽窃したりしないことなど。結果、無罪とみなされていたグレゴリーの大叔父がグレゴリーの父親によって殺され、無実だったグレゴリーの母親が予審判事によって刑務所に収容された。この事件で明らかになる「犯人は必ず一人(coupable, forcément coupable)[1]」しかいないなら、それは悪しきジャーナリズムである。

(1) 作家のヤン・ケフェレックが『パリ・マッチ』誌に寄稿した記事のタイトルであり、マルグリット・デュラスによる有名なレパンジュでのルポ「Sublime, forcément sublime」に呼応したもの。このルポは〔無実だったグレゴリーの母〕クリスティーヌ・ヴィルマンを犯人として告発したが、いずれにせよ『リベラシオン』紙に掲載された。

通信社

通信社は多くの商店に品物を納入する卸売業者のようなものだ。但し、ここでの「商店」は私たちメディアだ。世界三大の総合通信社（写真や金融などに特化した通信社も存在する）は、米国のAP（Associated Press）通信、英国のロイター通信、フランスのAFP（Agence France-Presse）通信である。たとえばAP通信は至急報二〇〇〇本、写真二五〇〇枚、動画二五〇本を毎日発信している。AFP通信はホームページ上で以下のように自社を紹介している。

〔AFP通信は〕国際的なニュースとなる出来事の動画・テクスト・写真・マルチメディア・インフォグラフィックで、戦争・紛争から政治、経済、スポーツ、ショー、そして健康・科学・テクノロジーの著しい発展まで、確証のとれた完全な取材内容を素早く供給する世界的通信社である。

AFP通信は国と関係が近い（この通信社の予算の大部分を国が担い、十八名の取締役のうち三名が国からの派遣）ことを述べておくが、編集部は国からの影響を受けていないと私は考えている。時おり単なるPRで出張する国の重要人物をAFP通信が過度に取材したり、庇ったりしているだろうか？　このケースでは「フランスの声」とジャーナリズムを混同するリスクは存在する。しかし、各通信社からの一次情報は（私を含む）多くのジャーナリストの素材であり、重要な出来事が何であるかを知らせ、ニュースを書くため、事実を確認するため、例証するため、公表するためのベースなのだ。これらの通信社の強みは、事実一〇〇％のジャーナリズムを実践していることだ。この三社すべてが速報性よりも正確性を重視している。何よりもまず信頼性が重要なのだ。一例だけ挙げると、ＡＦＰ通信（エリック・ダルクール）はグレゴリー事件の際、この事件をよく知るロランス・ラクールによれば、ジャーナリズムのルールの逸脱を多く回避したとのことだ。

人は誰でも間違えることがあるように、これらの通信社の各社が不手際をいくつか起こしている。ＡＰ通信は二〇一一年五月二日、米国の海軍特殊部隊員が撮影したとされたビン・ラディンの死体の偽造写真を自社のネットワーク上に二時間にわたって載せてしまった。東京の社員が許可を得ないままこの写真を通信ネットワーク上に送信したのだ。他方、ＡＦＰ通信は二〇一五年二月二十八日の十四時三十八分に、ＴＦ１の社長マルタン・ブイグの死を誤って報じてしまった。そしてロイター通信も二〇一八年に、平壌冬季オリンピックの開会式リハーサルの際の聖火点火の写真を誤ってネットワーク上に載せてしまった。

これらの例外は次の規則を裏付けている――通信社は厳格なジャーナリズムを体現し、顧客である私たちメディアのためにしばしば危険な場所にも赴く。グラウンドゼロの近くにあるニューヨークのＡＰ通信社内には、勤務中に亡くなった自社のジャーナリストの肖像写真が掲載された栄誉名簿（roll of honor）があり、そのことを思い起こさせる。

注意せよ、とジャン＝マルク・フール〔仏ラジオ局のジャーナリスト〕が私に言う。「多くの編集長の心のなかでは、通信社の比重が減ってツイッター〔現X〕の比重が高まっている。たしかにツイッターの情報は通信社より速いが、明らかに信頼性が低い。そして、それは深刻な問題である」

報道機関への経済的援助

一部の国では、報道の独立を確保するのはより困難であり、報道機関への経済的支援もタブーとされている。フランスでは多元主義の名において、あるいは危機に瀕しているメディア業界を守るために、そうした支援が歓迎されている。フランス共和国憲法第四条には「意見の多元的な表現を法が保障する」と明記されている。したがって最も多くの支援を受けている報道機関は、娯楽的報道とは反対の「政治・一般情報（IPG）」報道である。国はどのように支援を行うのか？　なかでも付加価値税（TVA）の税率を大幅に下げる（二・一％）ことが挙げられるが、それだけでなく、郵送支援もあれば、新聞の配達（宅配）支援も、特に全国日刊紙の配給（とりわけ国外への配給）支援も、特に『ラ・クロワ』紙、『リベラシオン』紙、『リュマニテ』紙のような広告収入の少ない（FRP）全国紙への支援も、政治・一般情報を扱う広告収入の少ない地域・県・ローカル日刊紙（QFRPA）への支援も、地域・ローカル週刊誌（PHR）への支援も、報道の多元主義のために働く団体へのメセナ型の経済的支援も、投資支援（一般租税法典第三十九条の二）も、報道発展戦略基金（FSDP）からの支援も、報道のローカル特派員への支援もある。ジャーナリストのための「税制の隙間」も忘れてはならない。彼らの手取り月給が六千ユーロ（二〇一九年に定められたライン）を下回る場合、「その職務に固有の費用をカバーするために」、課税される収入の基準が年間七六五〇ユーロ分引き下げられるのだ。それに加えて報道関連企業が支払うべき社会保険料の税率も、ジャーナリストを雇用しているとして二〇％控除される。この税制の隙間というテーマをその恩恵にあずかる者たちが扱うことはほとんどない。

分析

気をつけて！　分析はグレーゾーンだ。事実一〇〇％の厳格なジャーナリズムは、分析（英語では news analysis）に手を出す権利があるのだろうか？　事実の領域にとどまるのか？　それとも、意見の領域に移るのか？　理論上、ジャーナリストにとって分析するということは、的確な質問に対する独立した三名の専門家の答えをまとめることにある。フランスの原発はすべて安全なのか？　二〇一八年の初めにアサドがシリア国民に対して化学兵器を使用したという証拠はあるのか？　簡単に言うと、分析は危険な試みである。が、ＡＦＰ通信は（三名の専門家にインタビューして）分析のルールを非常によく守っている。その例として、ＡＦＰ通信の二〇一八年の至急報タイトルのうちの一つは以下の通りだ。「麻薬密売の国境地帯：エクアドルのジャーナリストたちの死の裏にある真実（分析）」

アングル

ジャーナリズムにおいて、アングル（視点）は一つのテーマへの入り口である。ニュースとその人目の引きやすさに応じてアングルの数は異なる。テーマがアルパジョン（パリの南）にあるパン屋への襲撃であれば、アングルは一つか二つ、あるいは三つで十分だ。（一）パン屋は一般的に、たとえば肉屋よりも標的になりやすいのか？（二）監視カメラを設置すれば襲撃件数は減るのか？（三）このような襲撃の犯人にはいかなる処罰が下されるのか？　二〇〇一年九月十一日のテロ攻撃の際には、数多くのアングルが見い出された。そこには二つの困難がある。アングルを選択することと、そのアングルを「保つ」ことだ。編集室内ではすべてが単純であるように見える。すなわち、人々の関心を最も引くアングルを選ぶのだ。しかし調査が始まると、時としてそのアングルを「保て」ないことに気付く。あるいは、そのアングルが弱かったり(「ビスケット(biscuit)」が足りない、と言ったりする)、間違っていたり、期限内に実行できないものだったり、調査によって見つかった別のアングルよりも面白くなかったりすることが明らかになる。アングルが一度定まったとしても、それを「保つ」ことができるか、出された問題にうまく答えることができるかは分からない。気をつけるべきことは、現場で入手した素材によって方向が変わり、目標を見失い、アングルから離れ、本題から外れてしまうことである。

アナウンス? それとも情報?

二〇〇九年二月五日木曜日。たとえばあなたがフランス・アンフォ〔仏ラジオ局〕の編集長だとする。TF1、フランス2、M6、RTLを通して、「危機に直面して」というテーマで、サルコジ大統領が一六五〇万人(最高記録)の視聴者の前で三分割の法則に賛成だと「アナウンス」する。利益の三分の一を(好業績によるボーナスや利益分配の形で)社員に、三分の一を(配当として)株主に、三分の一を「発展のための資金として」会社に再び投資しなければならない、というものだ。このアイデアは革新的だ。編集長であるあなたはこれをどれほど報道するだろうか? まったく報道しない? 少なめに報道する? 多めに報道する? ふんだんに報道する? 考えてみてください。あなたは慎重に「まったく報道しない」を選択し、このアイデアが法律になるのを待った。正解だ。というのも、マルクス主義的あるいは社会的ド・ゴール主義的な傾向のこの「アナウンス」を大々的に「発表」した先に、何も起こらなかったからだ。アナウンスはされても実行されなかった。サルコジ大統領は、ある議会報告を二〇〇六年に書いてそれをダッソー・アビエーション社内で実践に移していたセルジュ・ダッソーからこのアイデアを得ていたのだ。要するに、本当のアイデアは実行可能で、本当の「アナウンス」は実現しない。他方で、この件を追い続けること、サルコジ大統領がなぜこれを実現しなかったかを説明することは必要である。

スポンサー

スポンサーなしのジャーナリズムは存在するだろうか?

広告収入を得ないジャーナリズムは数少ない。たとえば、『カナール・アンシェネ』紙、『シャルリー・エブド』紙、『ル・アン』紙(どれも週刊紙)とウェブ新聞の『メディアパルト』などだ。これらのメディアでは、広告収入がない分を新聞売り場〔キオスク〕での販売、購読料、寄付、あるいは補助金によって埋め合わせている。当然、有名企業に関する調査報道を行うための独立性は、それによって得られるのだ! 一部のスポンサーは反対に、「叩かれるためにメディアに支払う」ことに消極的である。彼らは欠くことのできない報道の自由に、スポンサーが選ぶメディアに広告を出す自由で対応しているのだ。二〇一二年九月十日の『リベラシオン』紙の第一面に掲載された、スーツケースを手に持ってベルギーに向けて発《た》とうとするベルナール・アルノーの写真には、愉快だがオピニオン風で侮辱的な次のタイトルが付けられた。「失せろ、金持ち野郎！（Casse-toi, riche con !）」〔二〇〇八年に農業見本市で握手を拒まれた当時のサルコジ大統領が口にした「失せろ、貧乏人！（Casse-toi, pauv' con !）」をもじったもの〕。このタイトルにより、アルノー氏率いるグループ（LVMH）の『リベラシオン』紙への広告出稿は順調にいかなくなった。M6の長年の社長ニコラ・ド・タヴェルノは「我々（M6のジャーナリスト）が自分の顧客の悪口を言うなど、私には我慢できない」と打ち明けた。たしかに、グーグルやフェイスブックから激しい競争が生まれている。それらは、ターゲティング広告を今にもクリックしそうな無数の人々の役に立っている。つまりグーグルやフェイスブックは、ターゲットが正確に定められた広告が、マスメディアに掲載される有名な広告よりも多くのビジネスをスポンサーにもたらすことを明らかにしているのだ。メディアが無数のユーザーを引きつけるために自社のコンテンツをグーグルやフェイスブックに無料で掲載すると、シナジー効果が生まれる。その狙いは、そうしたメディアのデジタル記事と、それとセットになった広告をユーザーにクリックさせてからも、ほかの記事とほかの広告も掲載されているそのウェブサイト上に居続けさせることである。

ジョン・F・ケネディの暗殺

この事件は、大衆の不信感に直面してジャーナリズムを実践することが非常に難しいと証明する、世界的な典型例である。多くの人々は、偶然の重なりによって現実がフィクションを超えたことを信じようとしない。「最も単純な説明は、最も信憑性がない」と米国史家アンドレ・カスピが言うように。しかし、証拠がまったくないにもかかわらず、米国人の多くは陰謀論のほうを信じたがる！「誰がＪＦＫを殺さなかったのか？」とジャーナリストのヴァンサン・キヴィは、この問いがタイトルでもある自身の著書で皮肉っていた。一般大衆は、調査報道記者ジェラルド・ポスナーの著書『裁判終了』（*Case Closed*, 1993）（フランス語に訳されていないことについてはノーコメントだ！）のなかで細かく分析されている現実よりも、オリヴァー・ストーン監督の映画『ＪＦＫ』（一九九一）のようなフィクションのほうを信じたがる。ポスナーの本に関心がある人たちのために、ジャーナリストがこの暗殺について知っているのは次の通りだ。オズワルドはＪＦＫに向けて三発の銃弾を放った。これは証明済みだ。そして、発砲されたのはたった三発だった。これは証明済みだ。したがって、そこに陰謀はなかった。このテーマについては拙著にすべての事実を書いている。この本の事実のみの結論は次の通りだ。二日間で二人の殺人者が三件の殺人を犯し、陰謀は〇件。

プレス担当

一九九〇年六月二十二日、テレビ番組『アポストロフ（Apostrophes）』の最終回の際、司会者が各出版社のプレス担当（その圧倒的多数が女性）に感謝を述べた。フランスのジャーナリストのなかで、その時代の最も独立したジャーナリストであるベルナール・ピヴォがこうして感謝を示したことは注目に値する。ニエル通りの彼のアパルトマンに献身的な管理人が毎週届けていた五十冊のうち、「逃してはならない」一冊に彼の注意を向かわせたそのアラート機能に対して、彼女たちは感謝されたのだ。注目すべき本が駄作（ベルナールとは関係ない）だと明らかになったら、役立つその相棒はピヴォと忠実なアシスタントのアンヌ＝マリー・ブルニョンから信用を失い、罪人となったに違いない。

プレス担当の仕事は、自身が寄与する商品や人、会社、組織のほうにジャーナリストたちの好意を向けさせることである。これはほぼ不可能な任務だ。それほどジャーナリストは普通なら買収されないし、圧力に抗うし、あるテーマの安易な提案に対して消極的ですらある。しかし、一部のジャーナリストはほかのジャーナリストとは違う……。

特に、とある相手（スター、専門家、政治家、経済界のトップ）に通じるには、プレス担当は時に不可欠な媒介者だ。皆がEメールを読むようになり、ショートメッセージ（SMS）を受け取るようになってから、プレス担当の仕事が以前より容易になったのかは分からない。私が分かるのは、優秀なプレス担当は、どのジャーナリストから、どのメディアで、どのタイミングで何を得られるかを正確に知っているということだ。

捏造

真実を追求し（そして見つける）とみなされているジャーナリストにとって最悪なのは、嘘をつくこと、偽の事実を捏造すること、すなわちフェイクニュースである。そうすることにどんなメリットがあるのか？　たとえ偽りだとしても、調査から手ぶらで帰ることがなくなるのだ。最も衝撃的なのは、『ワシントン・ポスト』紙のジャネット・クック（当時二十六歳）の例だ。一九八〇年九月二十八日に掲載された八歳のジミーちゃん――ワシントンのスラム街で暮らし、麻薬中毒だった――のストーリーによって一九八一年四月に彼女はピューリッツァー賞を獲得したのだが、それは捏造記事だった。ピューリッツァー賞史上初めてその賞は返上された。ベン・ブラッドリー編集長（映画『大統領の陰謀』ではジェイソン・ロバーズが、『ペンタゴン・ペーパーズ／最高機密文書』ではトム・ハンクスが彼を演じた）によって当時率いられていたこの新聞社をこの「記者」は辞めることになった。もう一つの巨大な捏造が二〇〇五年に『ニューヨーク・タイムズ』紙に打撃を与えた。同社の記者だったジュディス・ミラー（アルカイダとビン・ラディンに関する調査で二〇〇一年にピューリッツァー賞を獲得）が、イラクが大量破壊兵器を保有していると読者に信じ込ませたのだ。彼女によれば、情報源が後になって信用するに値しないと判明した。このイラクの大量破壊兵器保有は、二〇〇一年九月十一日のテロ攻撃への報復として、二〇〇三年にジョージ・ブッシュ・ジュニア（と英国のトニー・ブレア）が決断した対イラク戦争の口実となった。ジュディス・ミラーは二〇〇五年十一月に辞表を提出した。より人目につかず、より見つけるのが困難な日刊紙の捏造もまた存在する。この捏造は仕事の容易さと怠慢から生じる。一部の記者にとっては、探しに行くのが面倒な証言を捏造することは非常に容易なのだ。この「匿名の人物」が紙面を充実させる……。

ある小話でこのテーマを締め括ろう。『フランス・ソワール』紙のピエール・ラザレフは、シベリア横断鉄道ルポへの対価としてブレーズ・サンドラールに報酬を支払った。ラザレフは疑っていた。そして「本当に旅行をしたと私に誓うか？」と彼に何度も尋ねていた。何年も経ったあと、この作家はついにラザレフにこう答えた。「重要なのは、私がそこに行ったかどうかではない。重要なのは、私が君をそこに行かせたということだ」

理想的なゲスト

インタビュー記者にとって、インタビューすべき理想的なゲストは「四つのC」――簡潔（concis）、明快（clair）、具体的（concret）、したがって説得力がある（convaincant）――のエキスパートである。このような人物は提示された質問に答え、教え上手である。見分けがつきやすいため、テレビやラジオ局のスタジオにすぐに登場する。それとは逆に、よくないゲストは再び招かれることがない。話が長すぎる、曖昧すぎる、分かりにくすぎるからだ。コリューシュ〔俳優・コメディアン〕が言っていたように、そのようなゲストによる答えはもはや覚えていないだけでなく、質問すら思い出せない！　ジャーナリストは理想的なゲストを簡単に見分けられる。そうした人物は常に「放送時間はどれぐらいですか？」「時間はどれぐらいありますか？」と尋ね、自分が答える時間を計算する。

ブレイキング・ニュース

ブレイキング・ニュース〔ニュース速報〕は字義通りの意味で、予定されていた番組プログラムを壊すニュースのことである。英語で“to break the news”は、一般大衆に「ニュースを報じる・知らせる」、あるいはプライベートの会話で「知らせを伝える」を意味する（「あなたにこれを知らせるのは残念（Sorry to break the news to you)」のように）。テレビが白黒だった時代の一九六三年十一月二十二日〔ＪＦＫが暗殺された日〕には、ブレイキング・ニュースはまだ「ビュルタン（bulletin）」や「フラッシュ（flash）」と呼ばれていた。もちろん、ダラスで起きたあの不測の出来事はブレイキング・ニュースであり、二〇〇一年九月十一日の同時多発テロや、二〇一五年一月七日にパリで『シャルリー・エブド』編集部が襲われたテロ事件もそうである。一九四四年六月六日（ノルマンディー上陸作戦）や一九四五年八月六日（広島への原爆投下）には、テレビは存在していたが、まだ普及していなかった。「ブレイキング・ニュース」は、ＣＮＮ（一九八〇年）、ＬＣＩ（一九九四年）、ＢＦＭＴＶ（二〇〇五年）のように、この言葉を画面に表示させることでより多くの視聴者をニュースチャンネルの前に引きつけるためのマーケティングツールとなった。アップル社のアイフォン（二〇〇七年）のように、スマートフォンへの通知も同様である。その結果、この言葉は濫用されるようになった。二〇一七年九月二十九日のvogue.frでの例は次の通りだ。「ブレイキング・ニュース：イザベル・マランがメンズコレクションを開始した」

『カナール・アンシェネ』紙

たったの八ページ。二〇二三年時点で一・五ユーロ（ユーロ導入前は八フラン）。水曜日のみ。紙版だけ(1)（「我々の仕事は、新聞紙とインクを使って我々の読者に情報を与え、楽しませることだ。我々のチームはこの重要な仕事のみに携わっている」と、必要最低限の情報のみを掲載するウェブサイトに長い間明記されていた）。ジャーナリズムのみ（広告なし）。約三〇人のジャーナリストとイラストレーターだけ。それでも大成功した。この「パルミペッド」〔Palmipède：カモなどの水かきのある鳥〕は毎年、自社の決算を四ページ目に掲載している。これは高く評価すべきことだ。この風刺新聞はフランスで最も稼いでいるカモ（canard《カナール》）である〔近年の売り上げは年約二〇〇万ユーロ〕。また、一九一五年にマレシャル夫妻によって創刊されてからの累積利益は一億ユーロを超える……。本紙はサン＝トノレ通り〔パリ随一の高級なブティック通り〕一七三番地に不動産資産を所有している。ジャーナリストたちは給料三カ月分のボーナスとは別に、六月末と十二月末に二度、「ショコラ」と呼ばれる特別手当を受け取る。それは二〇二三年にもボスであるミシェル・ガイヤールから手渡された。採用は現メンバーによる選考によって行われるのが一般的で、ボスとの握手が労働契約の代わりとなっている（それゆえ労働時間削減（RTT）はないが、一部のメンバーには年に「週十二日」×六の休暇が与えられる）。「報道の自由は、それを使わないときにのみ擦り減るのだ」とスローガンは語り、この新聞は報道の自由を使っている。言葉遊びを用いた多くの大見出しは忘れられない。そのうちの一つは、二〇一五年にシャルリー・エブドで殺害された、皆から愛されたイラストレーターにオマージュを捧げた号での大見出しだ。「カビュからのメッセージ〃さあお前たち、困難な状況にくじけるな！〃」〔原文はne vous laissez pas abattreで、「打ち殺されるな」という意味と掛けている〕

ブラックユーモアであろうとなかろうと、それとは別に「『カナール・アンシェネ』紙は常に真実を語っているのか？」という問題もある。複数の関係者（ターゲット）にこの質問をしたところ、彼らは次のように答えた。多くの場合は真実であるか、少なくとも真実に基づいている。だが、誇張されていることがよくある。いずれにせよ、『カナール・アンシェネ』紙の強みは二、三、四、五ページ目において、他紙が出した情報は一切掲載しないことにある。また、毎週火曜日十五時の編集の最終締め切り直前でも、必要な場合には内容を変更する。そして、事件を次々と明るみに出す。たとえば、アノー事件〔一九二八年〕、ウストリック事件〔一九三〇年〕、スタヴィスキー事件〔一九三四年〕、ボカサのダイヤモンド事件〔一九七九年〕、カルフール・デュ・デヴロプマン事件〔一九八六年〕、ペラ事件〔一九九三年〕、ティベリ事件〔一九九七年〕、デュマ事件〔一九九八年〕、パポン事件〔一九八一年〕、フィコン事件〔二〇一七年〕、バルカニー事件〔二〇一六年〕、ゲアン事件〔二〇一三年〕など。それにこの週刊紙は訴訟で負けたことがほとんどない。

『本当のカナール（*Le Vrai Canard*）』の共著者であるカール・ラスケは〔二〇一〇年刊行〕当時、こうしたスクープのメリットを、彼によればこの新聞がミッテラン寄りであることで差し引いていた。

ブスケ事件〔一九九三年〕、レインボー・ウォーリア号事件〔一九八五年〕、エリゼ宮の盗聴事件〔一九八二〜八六年〕を例にとろう。『カナール』紙は当時のミッテラン大統領と親密だったことで、これらの出来事を隅々まで取り上げられなかった。エルフ事件〔一九九四年〕でローラン・デュマ〔元外務大臣〕を擁護したときも同様だった。というのもデュマは……この週刊紙の弁護士だったからだ（『20ミニュッツ』、二〇〇八年十一月二十日）。

この風刺新聞は、調査報道以外ではプライバシーを尊重していると主張する（有名人の納税通知書の公表は別として！）。校正（固有名詞、言語要素の役割、普通名詞など）に関しても『カナール』紙は真剣だ。最もよくない面は、情報提供者＝密告者によって与えられる情報だ（『カナール』紙のために記事を書く外部ジャーナリストの多さは言うまでもない）。彼らを内部告発者と呼ぶ者もいるだろう。本紙のあるジャーナリストは、私に「情報提供者は皆、密告者ではないのか？」と指摘した！　出来高払いで書かれたこうした記事の受取人は、往々にして二ページ目の「カモたち《カナール》の池」コーナーの担当者だ。この「家禽《ヴォラティル》」――ド・ゴールはそう呼んでいた――はフランスの特産品であり続けている。批判的精神、不機嫌さ、そして他者の成功に嫌悪感を抱くことで知られているフランス人たちの……。たとえば、英国や米国には『カナール・アンシエネ』紙のような新聞はない。つまりフランスでは、ほかのメディアが残した穴をこの新聞が埋めているということなのか？

（1）歴史家のパトリック・ヴェイユが指摘するように、「紙は自由である。なぜなら、インターネットは接続を切ることも監視することもできるが、新聞および本はすべてを燃やすことも検閲することもできないからだ」。

ロバート・キャパ

一九四四年六月六日のノルマンディー上陸作戦のブレた写真はキャパが撮ったものだ。一九三六年九月五日のスペイン内戦の、まるで飛んでいるかのように銃撃された共和国軍戦闘員の写真（「崩れ落ちる兵士」）もキャパが撮ったものだ。一九四四年八月十六日のシャルトルのとある通りで、はしゃいだ群衆に囲まれ、髪が剃られ、額に焼き印が押され、（ドイツ人兵士の婚約者との）赤ん坊を抱いた若い女性の写真もキャパが撮ったものだ。一九四七年に初の報道写真家の協同組合「マグナム・フォト」を設立したのもキャパ（とフランス人のアンリ・カルティエ＝ブレッソンを含む彼の友人たち）だ。リチャード・ウィーランによるこのユダヤ系ハンガリー人難民の伝記を読むとよい。ヒトラーがドイツで権力の座に就いた一九三三年にパリに住み着いた彼は、最初の有名報道写真家となり、ハリウッドに至るまでスターたちの友人・愛人になった。一九五四年五月、ディエンビエンフーの戦いの数日後のベトナムで、キャパは四十歳で亡くなった。インドシナ戦争の地雷が彼の足元で爆発したのだ。「キャパ」はフリードマンの架空の名である。彼の名は、ニューヨークから北に一〇〇キロメートル弱のところにあるヨークタウンハイツのクエーカー教徒墓地の彼の墓に刻まれている。

若いジャーナリストたちへのキャパの助言は残り続けるだろう。「君がいい写真を撮れないのは、あと半歩の踏み込みが足りないからだよ」

記者証

ああ、記者証！　これがあればパリの裁判所に、人の出入りが少ない専用口から入ることができる。記者証は、エリゼ宮で行われるような記者会見に出席するための切り札である。世界の多くの美術館や展示会において、記者証は「入場無料」を意味する。警察に対しては、たとえば二〇一六年に「カレーのジャングル」〔フランスから英国に渡ろうとする難民のキャンプ〕が破壊された日のように、これのおかげで一般人が入れない場所にアクセスできることもある。

ほかの国々では、取材許可証はたとえば警察での認定と結びついている。フランスでは、収入の半分以上がジャーナリズムの仕事によって得られていることを毎年証明するだけでよい。全国記者証委員会に対してそれを証明するのだ。記者証は無料ではない（二〇二三年は四八・八ユーロかかり、ジャーナリスト本人と雇用主が二四・四ユーロずつ支払う）。私の記者証番号は78138だ。

職業倫理憲章

フランスでは、どのメディアも職業倫理憲章を持たなければならない。報道の自由に関する法の第二条の二には、「プロのジャーナリストと、企業あるいは新聞編集会社やテレビ・ラジオ放送会社との間で結ばれるあらゆる労働協約や労働契約には、その企業あるいは編集会社の職業倫理憲章への同意が伴う」と明記されている。日刊紙である『ウエスト・フランス』紙の憲章は、その標語──「傷つけずに伝えること、精神的衝撃を与えずに見せること、攻撃せずに証言すること、断罪せずに告発すること」──で最も知られている。ジャーナリストは、「契約を結んでいる企業あるいは編集会社の職業倫理憲章の遵守を通して培われる自身のプロ信念に反する行為は、それを受け入れることを強制されない」（報道の自由に関する法）ことを指摘しておきたい。〔本書の著者が創業した〕プレイバック・プレスでは、私はプロのジャーナリスト協会である米国の「プロジャーナリスト協会（SPJ）」の倫理規範を選び、取り入れた。この憲章はそれぞれのジャーナリスト（弊社はおよそ四十名）の雇用契約に付属されており、毎年初めに象徴的に再度宣誓しなければならない。この倫理規範はミニム通り〔パリ三区」にある建物の入り口に大きく掲示されている。英語あるいはフランス語で必ず読むべきこの文章は、ウェブサイト（spj.org）で確認できる。「必ず読むべき」と繰り返したい。

FOXニュースのジャーナリストたちが倫理規範を守らなかったことを詳しく説明する必要はない。二〇二〇年に米国大統領選でトランプがバイデンに負けたのはいかさま（«a fraud»）だったと彼らは主張し、意図的に嘘をついたのだ。このことはこの放送局のオーナーが二〇二三年に認めている（ジャーナリズム倫理に詳しいジョン・ワトソン教授がメディアサイト「ザ・カンバセーション」に寄稿した記事を参照のこと）。『ニューヨーク・タイムズ』紙が「世紀の名誉毀損訴訟」と形容したものを回避するために、FOXニュースは電子投票企業ドミニオン社に七億五千万ユーロを支払った。

五つのW

What? Who? Where? When? Why? 事実に関するこれら五つの問いは、ジャーナリストが特にルポルタージュで答えなければならないものだ。誰が何をした？ いつ、どこで、そしてなぜ？ 何が起こったのか？ 誰と、いつ、どこで、なぜ？ ジャーナリストは必要不可欠なこれらの情報を確認し、その出所を確かめ、書き留めたら、さらに伝え、説明し、発展させるために、それらの情報を文脈のなかで考察し、詳述し、面白いアングル（視点）を選んで展開させる。非常によい訓練は、これらの五つの短く無駄のない答えのみで簡潔な記事（短信）を書くことだ。ツイッター（現X）が世に出たばかりの時（二〇一七年まで）のように、一四〇字でこれらすべてをまとめられないことは稀である。

引用（全体引用、あるいは脱落のある引用）

一九九四年にジャック・シラクは、ストラスブールでアラン・ジュペについて、彼は「我々の間でおそらく最も優秀な人物」だと述べた（ユーチューブにアップされている演説の抜粋）。ジャーナリストたちは「我々の間で最も優秀な人物」と何度も繰り返した。同じではない。

一九九一年にジャン＝リュック・メランションは、『コティディヤン・ド・パリ』紙のインタビューで次のように述べた。「ぞっとすることをあなた方に言いますが、今日、政治への信頼を回復させている政党は国民戦線です」。ジャーナリストたちは「今日、政治への信頼を回復させている唯一の政党は国民戦線」と何度も繰り返した。同じではない。

二〇一七年にメランションは、クレルモン＝フェランで次のように述べた。「私たちは敗北を喫しました。このように言うと、私が人々の士気を低下させているように見えますが、そうではありません！私がこう言うのは、社会の一部の地域で人々が落ち込んでいるからです」。フランス２の二十時のテレビニュースのジャーナリストたちは、最後のほうを切り取って次のように彼に言わせた。「私たちは敗北を喫しました。このように言うと、私が人々の士気を低下させているように見えますが、そうではありません！　私がこう言うのは、人々が落ち込んでいるからです」。同じではない。

エマニュエル・マクロンはある議員にこっそりと次のように言ったところ、ＢＦＭＴＶのカメラとマイクにキャッチされた。「彼らのうちの一部は騒ぎ立てるのでなく、あちらで職を見つけられないか見に行ったほうがいいでしょう。彼らにはその仕事をするための技能があり、住んでいる場所から遠く離れていないからだ」。これは、自動車装備メーカーのＧＭ＆Ｓ社の労働者約百人が機動隊を追い詰めていた時に、コレーズ県の公共事業研修センターを訪れたマクロン氏が放った言葉だ。ジャーナリストたちは次のように繰り返した。「彼らのうちの一部は騒ぎ立てるのでなく、仕事を探しに行ったほうがいいでしょう」。同じではない。

宣伝

「我々の仕事は、誰かが我々から隠そうとしているものを見つけに行くことである。というのも、そのほかのすべては宣伝（com' = communication）だからだ」。どのジャーナリストがこう言ったのかはもう覚えていない。本物の情報をそのジャーナリストは扱っているのか？　あるいは、宣伝という偽物の情報を扱っているのか？　そしてその宣伝は、単なる宣伝なのか？　それは情報でもあるのではないか？　実行してそれを説明する人々〔与党側〕、あるいは批判してなぜ反対するのかを言う人々〔野党側〕を引き立てる伴奏でもあるのではないか？　二〇一八年のある日の新聞の見出しを取り上げよう。

マクロン大統領はエピナル〔ロレーヌ地方〕の住民を集め、三時間にわたって欧州の未来について論議した。翌朝にはある中学校で、朝食を食べながら子どもたちに栄養に関する授業を行った。オランド元大統領のほうは、自身の「権力の教訓」を一冊の書籍にまとめ、五年任期の成果を擁護するようにその宣伝を行った。国民議会議員たちが移民保護に関する法案をめぐって罵倒し合っている間、野党議員のローラン・ヴォキエは出生地主義の廃止に賛成の立場を示した。人権擁護官のジャック・トゥーボンは、パリのポルト・ド・ラ・ヴィレット駅でテント暮らしをしている大勢の移民の生活環境を告発した。ジャーナリストのプレネルとブルダンは、シャイヨー宮でマクロン大統領がBFMTVに応じた（長さ・内容・形式において）異例のインタビューを振り返った。シャッターを製造する仏企業バティ・レノヴ社はルーマニアで事業を約十五年間行った後、フランスに再び移転してシャラント＝マリティーム県のヴァレーズで工場を稼働させた。ダノン社が第一四半期の総売上げを発表。「有機的成長で四・九％」伸びて「六〇億八千万ユーロに達した。販売量は一・一％増加した」。SNCF〔フランス国有鉄道〕とエールフランス航空でストライキが続いている。大学やパリ政治学院の占拠も続いている（横断幕には「マクロン独裁に反対」）。ノートル＝ダム＝デ＝ランド（ユロ大臣が現地を訪問）とトゥールーズのミライユ地区での衝突が最高潮に達した。パリの新しい裁判所が運営を開始し、設計者のレンゾ・ピアノがこの裁判所を自慢する一方、司法関係者は批判する。ポンピドゥー病院のチームとともに一人の患者に二度にわたる顔面移植手術を行った外科医のランティエーリは、「拒絶反応リスクは常にあります」と述べた。トランプは、新しい国務長官のマイク・ポンペオを擁護するためにツイッターに投稿した。キューバは、フィデル・カストロの弟ラウルが権力の座を降りても共産党トップにはとどまると発表した。「少しの調整」に過ぎないと反体制派のジャーナリストは言う。

これらすべては、宣伝か否か？

「慎重を期しての」条件法

あまりに多くのジャーナリストがよく考えずに条件法〔ここでは不確実な事柄を推測・伝聞として表す

使用法を指す」を使用し、真偽が未確認のニュースを伝えている。理論上では、彼らは「慎重を期しての」条件法を用いている。そのニュースの真偽が確認されて、間違っていたことが判明したとしても、責任を取る必要はないと彼らは考えている。例を挙げよう。「昨日、ランペドゥーサ島で船が転覆し、二六六名の死者が出た**らしい**」（太字が条件法）。非常に心配なことは、そのニュースが虚偽であるかもしれないのに、視聴者がそれを信じ込んでしまうことだ。

多くのメディアがこの条件法を用いている。というのも、ほかのどのメディアよりも早くニュースを出したいからだ。だが彼らは、速報性よりも正確性のほうが大事だというジャーナリズムのルールの一つを忘れている。ニュースは真偽を確認する（「昨日、ランペドゥーサ島で船が転覆し、三六六名の死者が出た」）か、信頼できて真偽の確認をきっちり行うほかのメディアから情報を得て、情報源を示さなければならない（「イタリアのある新聞によれば、昨日、ランペドゥーサ島で船が転覆し、三六六名の死者が出た」）。ところが、次のような文を読むのは珍しいことではない。「イタリアのある新聞によれば、昨日、ランペドゥーサ島で船が転覆し、三六六名の死者が出た**らしい**」。このことは、ジャーナリストが互いに信頼していないこと、あるいは盲目的に追従していることを示している。条件法が用いられた情報は、情報ではなく「～らしい、～ではないらしい」、すなわち「～かもしれないし、～でないかもしれない」といった謎解きのようなものだ！　この例においては、条件法を用いたこのニュースは確認を怠ったために、三六六名の死者数を二六六名（二〇一三年十月三日）と間違えた。要するに、このメディアは数字をよりよく確認**すべきだった**（条件法の正しい使い方〔この場合は過去の事実に反する仮定の帰結としての現在の非現実状態を現す〕）。慎重を期しての条件法は実のところ、軽率さの条件法である。このような条件法は毎日たくさん使われており、もう一つの例としては、「レオナルド・ディカプリオはリアーナと交際しているらしい」（二〇一五年一月十四日、RTLのウェブサイト）。軽率さの条件法のせいでジャーナリストの意見なのか、情報源の意見なのか分からないこともある。二〇一八年五月八日の『セ・ダン・レール（C dans l'air）』〔時事問題を取り上げるテレビ番組〕のあるテーマから例を抜粋しよう。「マリーヌ・ルペンは、エマニュエル・マクロンが露呈していると思われる下層階級蔑視を批判する」〔「露呈していると思われる」の主語がジャーナリストなのかマリーヌ・ルペンなのか曖昧な表現〕。次のように言うべきだった。「マリーヌ・ルペンは、彼女によればエマニュエル・マクロンがさらけ出している下層階級蔑視を批判する」

二〇一八年五月三十一日のTF1の二十時のニュースでのジル・ブーローも同様である。「研究者らによれば、パーム油は心臓血管のリスクを増加させるらしい」。最もひどいのは、前日に条件法を用いて伝えたニュースを翌日に打ち消すことだ。二〇一五年六月十六日、ユーロップ1はアルジェリアのジハディストであるモフタール・ベルモフタールが死亡したらしいという六月十五日の自社のニュースを打ち消した。たしかに、「死亡していないらしい」としたニュースを打ち消していたとしたら、もっとひどかっただろう。

最後に、動詞「devoir」の条件法〔～すべきであろう、おそらく～であろう〕も非常に紛らわしいものだ。二〇一八年のある記事タイトルを例に取ろう。「Zidane *devrait* remplacer Deschamps à la tête des Bleus.」このジャーナリストは「フランス代表監督はデシャンからジダンにおそらく交代する予定だ」と言いたかった。しかしこの条件法では、このジャーナリストの意見として「フランス代表監督はデシャンからジダンに交代しなければならない」と理解されるおそれがある。

コンフ（編集会議）

ジャーナリストの間では、「コンフ（conf'）」は編集会議（conférence de rédaction）を意味する。一般の人は、時にそれを「記者会見（conférence de presse）」と間違えて言う。コンフは、編集長とその補佐を中心に、編集部の全員あるいは一部のメンバーが出席する会議である。コンフは（大抵はその日の重要なテーマに関する）決議の場であり、時には論議の場にもなるが、確認の場になることもよくある。各分野（政治、経済、社会、警察・司法、文化、スポーツなど）のリーダーがすでに取り組んでいるテーマについて、編集会議で確認するのだ。二〇〇〇年頃のある日、『リベラシオン』紙のジャーナリストであるセルジュ・ジュリーに対し、〔筆者が編集を担っている〕『モン・コティディヤン』紙のように、テーマを決めるために読者をコンフに招くことを提案したところ、「それはできない。そんなことをしたら大変革だ」と彼は私に答えた。これは多分、あなた方読者にとっては些細なことだろうが、『リベラシオン』紙では大きな意味を持つのだ。

私はこれまで、ローマ、ニューヨーク、ロンドン、パリ、レンヌ、東京などで数十のコンフを見てきた。そのなかで忘れられないのは、二〇〇五年のベルリンでの、日刊紙『ビルト』のコンフだ。編集長――当時はカイ・ディークマンが務めていた――が地方の副編集長たちとの電話会議を通して各地方版の第一面に掲載するテーマを決定し、それから、取捨選択されて印刷された百枚くらいのその日の写真から最良のものを広いテーブルで厳選し、最後に、本紙の全国版の各ページ（普通サイズで全十六ページだったと思う）のレイアウトを、タイトルと写真（サイズおよび位置）を固定しながら描いていたのはこのコンフだけだ。ページ組みからニュースの見せ方まで、読者の立場で考えていた。素晴らしい《シェーン》！

記者会見《コンフェランス・ド・プレス》については、エリゼ宮で行われたものであっても、記憶に残り続ける思い出はない。但し、フランス国立視聴覚研究所（ＩＮＡ）のアーカイブ映像のおかげで発見した、ある記者会見の最後の質問を除いては。それは、一九六九年に学識豊かなジョルジュ・ポンピドゥーが、ガブリエル・リュシエ事件〔教師だったガブリエル・リュシエが生徒との恋愛の末、未成年者誘拐の罪で投獄され、やがて心身を衰弱し、自死する。この事件は映画やアズナブールの歌（どちらのタイトルも『愛のために死す』）などにインスピレーションを与えた〕に関して、ラジオモンテカルロのジャン＝ミシエル・ロワイエに答えた場面だ〔ポンピドゥーはポール・エリュアールの詩を引用して質問に答えた〕。「愛のために死す」というテーマで、あなたも三〇秒で答えてみよう。

信用、信憑性

一九八七年以降、フランス人のメディアに対する信用度調査がカンター・パブリック・ワンポイント社によって毎年実施されており、『ラ・クロワ』紙が公表している。二〇二三年には、ジャーナリストたちは独立している、すなわち「政党や権力からの圧力に抵抗している、金銭の圧力に抵抗している」と思っているフランス人はたったの四人に一人だった（前者は二四％、後者は二六％）。

フランスのジャーナリストがどれだけ独立を強く望んでいるのか、どれだけそうした立場でいられる自由があるのかが分かると、この批判は彼らにとって辛く、おそらくは不当なものだろう。以下はカンター・パブリック・ワンポイント社の二〇二三年版レポートから抜粋した、知るべきそれ以外の結果だ。

フランス人の五四％が「重大な時事テーマに関してメディアが言っていることは大抵疑わなければならない」と考えているのに対し、三七％は逆に、全般的にメディアを信用できると考えている。同時に、フランス人のメディアに対する信用は、今年において向上しているものの、乏しいままである。たとえば、概してラジオ・新聞雑誌・テレビが語るように事が生じたと考えているのはフランス人の約二人に一人しかいない（ラジオは五四％、新聞雑誌は五二％、テレビは四九％）。しかし、この本能的な不信感はより細かく見る必要がある。たとえば、ニュース放送ラジオを信用しているフランス人は、調査対象をリスナーに限れば七三％であり、テレビニュースも視聴者に限れば同じ割合である。地方紙は読者の七〇％、全国週刊誌（news magazine）は六八％、全国日刊紙は六六％から信用されている。連続ニュースチャンネルに対する信用度は少し後退している。情報を得るのに連続ニュースチャンネルを信用しているのはフランス人の五二％（視聴者の六二％）である。特に信用度が低いのはニュースを発信するソーシャルネットワークであり、フランス人の二七％（ユーザーの三六％）しかそれを信用していない。ある時事テーマに関して自分の意見を持つために、複数のメディアが言っていることを比較していると回答したのはフランス人の五〇％、信頼できるとみなしている一つのメディアからしか情報を得ていないと回答したのはたった一六％だった。その一方、二〇%がメディアを通じて自分の意見を持つのは難しいと考えており、八%は自分の意見を持つためにはメディアを避けたいとさえ答えた。フランス人の六八%が、時事問題に関する情報を得るためにソーシャルネットワークを利用している（三六%は毎日利用している）と回答したものの、ソーシャルネットワークはその機能だけでなく、流される情報の質と真実性のために不信感を抱かれている。だが、若者たち――彼らはソーシャルネットワークの最大の消費者でもある――はさほど批判的ではない。フランス人の五三%が、ソーシャルネットワークを通してますます多くの情報がメディア関係者でもジャーナリストでもない人たちによって流されていることを「悪いこと」とみなしているのに対して、この変化をよいことと考えているのは三三%だった。ソーシャルネットワークが誤った情報および陰謀論の拡散を助長していると考えているのはフランス人の七〇%（若者の間でも高齢者の間でも意見は分かれている）で、それが情報の質を悪化させていると考えているのは六六%だった。もっとも、現実を歪める情報やフェイクニュースと最も戦っているとフランス人が言っているのもソーシャルネットワークにおいてだ。実際、フランス人の四五%がソーシャルネットワークに週に少なくとも数回はアクセスしていると答えたのに対し、テレビは三四%、ニュースウェブサイトは三三%、ラジオは二九%、紙の新聞雑誌は二四%だった。フランス人の三九%が、情報の歪曲を阻止するにはソーシャルネットワークでシェアされる情報をもっと規制しなければならないと考えており、子どもの頃からメディア教育を推進しなければならない、メディアとジャーナリストは自分の仕事についてもっと説明しなければならない、ファクトチェックのためのツールを発展させなければならないと考えているのはそれぞれ三三%、三二%、二七%だった。

結託

あるジャーナリストとその情報源（政治家であろうとなかろうと）との関係が（友人として）近ければ、いくらかの情報が得られるだろう。あるジャーナリストとその情報源との関係が（友人ではなく）遠ければ、主観や自己検閲に屈するリスクは小さくなるだろう。どちらを選ぶ？

（一）職務と友情（たとえ職務上の友情であっても）の間の利益相反を避けること。

（二）公平性を損なう状況に身を置かないこと。というのも、記事を書くのは友人としてではなくジャーナリストとしてだからだ。ジャーナリストのフィリップ・メイエールは次のように説明する。

テオフラスト・ルノドーがリシュリューを後ろ盾にして創刊した『ガゼット』紙以降、フランスのジャーナリズムの歴史は結託、へつらい、さらには権力（政治権力・カネの権力・聖職者の権力）との近しい関係に溢れてきた。バルザックからモーパッサン、ほかの多くの作家を経てモーリス・ドリュオンに至るまで、文学作品には自分の成功しか考えない追従的なジャーナリストが多く登場する。そうした歴史の結果、ジャーナリストにまで影響を及ぼす金持ちや権力者への強い関心が生まれた。ジャーナリストたちの良心は無傷だったものの、彼らの関心は「市民社会」よりも金持ちや権力者、国家機関、「意思決定者」の狭い世界のほうにはるかに強く向いた。

「私たちは結託しているのではなく、連絡を取り合っているのです」と『カナール・アンシェネ』紙の編集長エリック・アンプターズは『ハフィントン・ポスト』の記事で反論した。

情報源という点でフランスでの主要当事者であるマクロン大統領は、二〇一八年の報道陣への年頭演説の際に、次のように自身の考え方を示した。

この正当な距離は、権力と反権力の間に存在する距離であり、私たちが時に慣れてしまったその近さは、私が思うに、政治権力にとってもジャーナリストの職務の遂行にとっても好ましくありませんでした。なぜならこの距離の近さは、公式の形でなされる発言よりも、控室でなされる発言により大きな地位を与えることがあったからです。この控室の発言は存在し続けており、今もそうしたことが時おり生じています。これは適切な民主主義のルールではありません。というのも、ある瞬間にキャッチされたこの内密の話を独占することが、政治リーダーたちが仔細に検討した公的な発言よりも重要になってしまうからです。私は、法案や政策に関して質問しようとする正当な意欲は決して問題にしません。しかし、法案やアクションについて一切話さず、背景ばかりを理解したがるしつこさは正当だと言えません。私が年頭演説を準備するのが昼間なのか夜なのかを知ったところで、あるいは彼らが立つのか、座るのか、横になるのかを知ったところで何の利益もありません。そして、こうしたことはフランスの人々が疑問に思うことですらない、と皆さんに言えると思います。

この「正当な距離」は、フランソワ・オランドの五年間の大統領任期に関して、彼と結託して執筆された書籍『それは大統領が言うべきでない（*Un président ne devrait pas dire ça*）』に対するマクロン氏のリアクションである。映画『ペンタゴン・ペーパーズ／最高機密文書』（二〇一八）では、ケネディ大統領の親しい友人である『ワシントン・ポスト』紙の編集長ベン・ブラッドリーがこの「正当な距離」について自問する。とりわけ一九六一年から一九六八年までマクナマラが指揮を執っていた米国国防総省（ペンタゴン）において、ベトナム戦争へと至る悪循環のなかで、ブラッドリーは権力の座にいる友人に騙されたのか？ 彼を主人公としたHBO放送局によるこのドキュメンタリーでのブラッドリーの最終的な答えは「新聞記者（The Newspaperman）」だ。「（……）我々の仕事は、愛されることではなく真実を追求することだ」。私はこの台詞に「（……）友人にまでも愛される」と付け加える。エリーズ・リュセ〔調査報道番組のジャーナリスト〕が提案した解決策は、政治ジャーナリストはメディア内の部署を五年あるいは十年ごとに移る、というものだ。「政治ジャーナリストたちが生涯を通じて政治ジャーナリストであり続けることは普通ではない、と私は思います」（『ブリュット』、二〇一八年五月二十五日）

コンテクスト（文脈）

私はある日、ジャーナリストが陥ってはならない主たる失敗は何かとエドガール・モランに尋ねた。この社会学者の回答は「コンテクスト化（文脈に当てはめること）の欠如」だった。コンテクストはいくつかの理由から有益である。

（一）コンテクストは、ニュースが空から落ちてくることはめったにないことを人々に理解してもらうのに役立つ。洒落を言うつもりはないが、二〇〇一年九月十一日の晩にビン・ラディンという名が同時多発テロを首謀した容疑者としてなぜ浮上したのかが理解できたのは、コンテクストのおかげだ。私を含めて一般大衆はこの記憶すべき火曜日にこの名を初めて耳にしたのだが、ニューヨークにある9・11メモリアル・ミュージアムには、彼と米国の間の、このテロ攻撃の決行日以前の敵対に関するコンテクストが壁一面に書かれている。

(二) コンテクストにより、朝から夜までニュースに浸かっているジャーナリストは、視聴者が自分と同じレベルほど情報を得ているわけではないことを想起せずにはいられない。簡潔にコンテクストを説明すれば、視聴者たちも同じレベルで事情を把握できる。それは特に子どもに当てはまる。彼らは歴史的コンテクストに関して、大人よりも情報量が少ないからだ。

(三) 視聴者はニュースの最近の流れを必ずしも把握しているわけではない。知ってはいても、ニュースを日々追いかけ、報道しているジャーナリストよりは詳しくない。

(四) コンテクストにより、短いフレーズを文脈のなかに置くことができる。フランソワ・オランドが自身の著書『権力の教訓』を出版した二〇一八年四月を例として取り上げよう。フランス2のアンヌ＝ソフィー・ラピがキャスターを務める『二十時ニュース』でのインタビューの際に彼が発したフレーズが、そのコンテクストから外れてあらゆるメディアで繰り返され、ユーモア作家たちのネタにもされたのだ。フランソワ・オランドが発したフレーズは「私はマクロンに勝っていたかもしれません〔原文は**“J'aurais pu battre Macron”**で、文脈によっては「勝つことができたのに」のようにニュアンスが変わる〕が、私はそれを望みませんでした」だった。コンテクストのなかでのこのフレーズを以下に引用する。

アンヌ＝ソフィー・ラピ「（……）あなたは、エマニュエル・マクロンがあなたに勝利したわけではない、彼はライバルではなかったとおっしゃっていますが、もしあなたがこの大統領選に出馬していたら彼に勝てたのでしょうか？」

フランソワ・オランド「勝っていたかもしれませんが、私はそれを望みませんでした。なぜなら、私が〔第一回投票で〕彼に勝ったとしたら、結果はどうなっていたでしょう？　大統領に選ばれたのは私でも彼でもなかったでしょう。そして今日、今よりもずっと厳しい政策を掲げるフランス共和国大統領が選ばれていたでしょう。政策は今、もうすでに……」

アンヌ＝ソフィー・ラピ「今、もうすでにとても厳しい、ですか？」

フランソワ・オランド「そうですね、困難な状況です。他方、私の意見としては、多くのフランス人にとって困難な経済状況になるのを許すべきではありません。しかし、〔もし私がマクロンと戦っていたら〕極右あるいは強硬右派の大統領が誕生していたことでしょう。そして、権威が失墜し、信用を失っていた候補者〔公金流用疑惑で当時捜査を受けたフランソワ・フィヨンのことを指していると思われる〕が勝利していたかもしれません……」

　コンテクストが無視された例は数多くある。政治的バランスを考慮し、あの「ケルヒャー」（高圧洗浄機）による掃除、も例として取り上げよう。セーヌ＝サン＝ドニ県のラ・クールヌーヴにある「四〇〇〇戸の団地」で、十一歳の子どもがピストルで撃たれて亡くなった後に発せられた（以上がコンテクスト）この単語は、二〇〇五年六月以降ニコラ・サルコジの評判にまとわりついている。「社会のくず」の例も同様に、この言葉は二〇〇五年十一月に、ヴァル＝ドワーズ県のアルジャントゥイユの路上で一人の女性住民がサルコジを呼びとめたときに用いた言葉であり（以上がコンテクスト）、サルコジはその言葉を繰り返したのだ。

英国人たちが言うように、コンテクスト化をしなければいけない。さもないと全体像《ビッグピクチャー》が忘れられてしまう。

ジャーナリストの労働協約

どのジャーナリストも、ジャーナリスト全国労働協約による特権を享受する。普通のサラリーマンと比べて、その特権はいかなるものか？

年次有給休暇は二十五日ではなく二十七日。

十二月には、この月の給料に十三月（一カ月分）の給料が上乗せされる。

ジャーナリストという職業の継続年数、そして企業での勤続年数に応じた二重の給料増（前者は五年でプラス三％、十年でプラス六％、十五年でプラス九％、二十年以上でプラス一一％。後者は五年でプラス二％、十年でプラス四％、十五年でプラス六％、二十年以上でプラス九％）。

「国全体の経済状況の変化に応じた」給料の増額（第二十六条）。

重大な過失、あるいは度重なる過失によって解雇された場合、労働調停委員会に訴えることができる。この委員会による「判決」は控訴不可で、労働裁判所の裁判員らによる判決に重ね加わる。

企業での勤続年数に応じた定年退職（六十歳で可能）時の退職金（最高額は三十年以上勤めた場合の給料五カ月分）。

しかし、短所もある。ジャーナリストが六十五歳に達すると、雇用主は彼を退職させることができる（ほかのサラリーマンの場合は七十歳）。

この協約は、ジャーナリストが自分が勤める報道グループにおいてよりよい協定を享受しない場合にのみ適用される。

誤植やよくある間違い

「誤植」はただのタイプミスである。知識不足による間違いや過失と混同してはならない。最もよくある間違いは次の通りだ。

・不定冠詞（des）ではなく定冠詞（les）が使われる。たとえば「鉄道員たちがデモを行う（des cheminots manifestent）」では"les"を使うのは間違い〔lesが使われる場合は「すべての鉄道員」（総称の用法）と理解される〕。

・「～もまた（aussi）」が置かれる位置の間違い。たとえば、『ル・モンド』紙の二〇一八年六月二日の記事のタイトル「小学校での性差別的暴力：少年たちは犠牲者でもある（les garçons sont aussi victimes)」。正しくは「少年たちもまた犠牲者である（les garçons aussi sont victimes)」だ。

・「〜するかもしれない／〜するおそれがある（risque de)」や「うまく〜することができる（arrive à)」や「〜する権利がある（a le droit de)」ではなく、「〜できる／〜しうる（peut)」が使われる。

・「不安を与える（alarmant)」ではなく、「（わざと）不安の種をまく（alarmiste)」が使われる。たとえば、二〇〇七年のフィヨン首相による「私は破産状態にある国家の先頭に立っている」という発言は「不安を与え」たのだろうか、それとも「（わざと）不安の種をまいた」のだろうか？

・イスラム教の伝統主義的解釈を支持するイスラム教徒を指すのに「伝統（原理）主義者（intégriste／islamiste)」ではなく「サラフィスト（salafiste)」が使われている（語源のsalafは「始祖（ancêtre)」の意）。

・「さらにそのうえ（voire même)」という表現（冗語表現）。

・「利益を出す（profitable)」ではなく「利益を生む（rentable)」が使われる。企業はprofitable（利益／売上高）、投資はrentable（利益／投資支出）である。

・「難民保護申請者（demandeur d'asile)」ではなく「（認定された）難民（réfugié)」が使われる。アンゲラ・メルケルのドイツが二〇一五年に百万人の難民を受け入れたということを何度目にし、あるいは耳にしただろうか？「ドイツ版OFPRA（フランス難民無国籍保護局）」であるドイツ連邦移民難民局（BAM）の数字によると、二〇一五年には四七万六千件の保護申請がなされ、書類の提出および審理期間を経て、そのうち一三万七千件が認められた。二〇一六年には七四万五千件の保護申請がなされ、そのうち二五万六千件が認められた。したがって、二〇一五年から二〇一六年にかけては、ドイツで受け入れられた難民の数は四〇万人未満である。

移民については、本当の保護申請者（後に「難民」となる者）と偽の保護申請者（経済的移民）がいることを念押ししたい。二〇一七年以降には、難民保護政策を支持する一部の団体とそのメンバーが「移民」ではなく「国外亡命者（exilés）」という曖昧な言葉を使っていることを記しておこう。

よく注意せよ：

・移民は、「難民」になる前は保護申請者であり、保護申請者になる前は「不法滞在者（clandestin）」である。

・「入国許可がない」、つまり「不法滞在（clandestin）」「非合法（illégal）」「非正規（irrégulier）」ではなく、「sans-papiers」（滞在許可証の単なる不所持の意）が使われる。

・「社長／企業トップ（chef d'entreprise）」ではなく「経営者／企業主（patron）」、「勤め人／社員（salariés ou employés）」ではなく「労働者（travailleurs）」が使われる。たとえば、ストライキを報道する際の「ストに参加する労働者（travailleurs grévistes）」という表現は矛盾形容法である。

・「企業創設者（créateur d'entreprise）」や「企業トップ（chef d'entreprise）」ではなく、「億万長者（milliardaire）」が使われる（ジェフ・ベゾス、イーロン・マスク、ドナルド・トランプ、ベルナール・アルノー、ダニエル・クレチンスキー、グザビエ・ニールなど）。

・「（一部の）警察の暴力」と言うときに「des violences policières／les violences de policiers」ではなく、「les violences policières（すべての警察の暴力）」が使われる。「（一部の）ジャーナリストの嘘

（des mensonges journalistiques ／ les mensonges de journalistes）」と言うときに「（すべての）ジャーナリストの嘘（les mensonges journalistiques）」と言うだろうか？

・ストーリーのなかに意見や常識を引き入れる「すでに」や「いまだ」といった言葉を差し込まないように気をつけよう。イングリッド・リオクリュはその著書『メディアの言語』（*La Langue des médias*, 2016）のなかで二つの例を挙げている。「同性愛者同士の結婚は十カ国ですでに認められている」一方、死刑は「約百カ国でいまだ合法である」。

・テロリスト（terroriste）とイスラム国（État islamique）という二つの言葉が論議を引き起こしている。「テロリスト」という言葉を使うことは公正だろうか？　私の意見ではそうである。テロリストは、暴力、すなわち恐怖によって自分の考えを押し付けようとする者のことだ。では、第二次世界大戦のレジスタンス活動家たちはテロリストだろうか？　ドイツ軍の占領者（ナチス、したがってこの定義の意味ではテロリスト）に言わせればそうである。なので答えはノーだ。

「イスラム国（État islamique）」という表現を使うことは公正だろうか？　そうであるが、この表現は誤解を生みやすい。というのも、この組織は国でもなければイスラム教でもない（むしろイスラム原理主義である）からだ。「イスラム原理主義国」（英語ではＩＳＩＳ）、あるいはフランス政府が呼んでいるように「ダーイシュ」（アラビア語で、イラクとレヴァント地方のイスラムの国）と呼ぶほうがいい。

（実業家にとっての）道楽

成功したフランスの実業家たちは、経営危機に陥っているメディアを一体なぜ買収するのだろうか？おそらく、メディアはさほど高価ではない道楽（danseuse）だからだ。それは金をかけて囲われる愛人であり〔danseuse には「愛人」という意味もある〕、かつては特にバレリーナや舞台ダンサーのなかから選ばれていた（見かけに反して、サドルから腰を浮かせてペダルを右、左と強く踏むサイクリストの姿勢〔en danseuse と表現する〕とはまったく関係がない）。これらの道楽の地位は、パリの「村」のなかで変化した。そのうちの一つの近親者が二〇一六年に私に次のように打ち明けた。「この新聞が買収されてから、エリゼ宮との間に直接の結びつきができました」。というのも、いわゆる報道の力は、権力の座にいる一部の人々を魅了するからだ。二〇一八年五月にイヴ・ド・シェーズマルタンが『ランスタン・エム』（フランス・アンテルの番組）で語ったところでは、シラク大統領は二〇〇四年に友人のダッソーではなく、親友のピノーが『ル・フィガロ』紙を買収できるよう後押しした（シェーズマルタンによれば、セルジュ・ダッソーは『ル・フィガロ』紙の第一面に「良識の一分」というタイトルのコラムを毎日書きたがっていた）。

道楽のメディアは報道の独立にとって危険なものだろうか？「この利益相反は、報道の自由を侵害している」（ユーロップ1、二〇一八年三月二十六日）と国境なき記者団（ＲＳＦ）のクリストフ・ドロワールは考える。彼によれば、報道の自由度ランキングでフランスが二十六位（一位はノルウェー、最下位は北朝鮮）であることをこのことが根拠づけている。私はむしろ逆だと考える！こうした実業家たちは、これらのメディアの損失を吸収し、財務体質を改善してくれる。たしかに、彼らは（自分が任命する）発行人や編集責任者に話を聞いてもらえるようになることを非常によく知っている。しかし、内容に影響力を及ぼすことはなかなかできない。というのも、編集部はそうした介入にいっそう慎重であり、あるいは抵抗もするからだ。たとえば『ル・フィガロ』紙は、コルベイユ＝エソンヌ市の合唱団に関する記事を掲載せよ、というオーナーのセルジュ・ダッソーからの有名な要求を決して承諾しなかった（ダッソーは二〇〇九年までこの市の市長を務めていた）。ただ、大抵の場合、企業であれ個人であれ、こうした実業家たちに対して編集部が自己検閲を働かせるのは確かである。ユーロップ1のラファエル・バイヨが二〇一八年四月二十六日に指摘したところでは、ヴァンサン・ボロレが勾留されたことについて、ほかのライバル局とは違って、前日のイヴ・カルヴィによるニュース番組でも、翌日のCNewsの朝番組でも触れられなかった。

こうした報道界の大物実業家たちは、メディア事業以外の事柄（公的市場や規制）では政治家の助けを時に必要とするのだが、彼らに反抗するのだろうか？　あるいは、友情で結ばれるだけだろうか？　アモリ・ド・ロシュゴンドとリシャール・セネジュは著書『メディア、新しい帝国』（*Médias. Les nouveaux empires*, 2017）のなかで次のように書いている。

事態がいつも最悪というわけではないが、ビジネスの考え方は、自由に取りつかれた単独行動者や、雇用主が求める上位の利益を無視する者には合わない。そうして自己検閲が広がるおそれがある。

二〇〇七年にベルナール・アルノー（ＬＶＭＨ社）が『レ・ゼコー』紙を買収して以降、この経済日刊紙の元ジャーナリストが私に打ち明けたところでは、「(二〇一三年にアルノーが買収を試みた)ライバル社のエルメスに関しては、できるだけ話題にしないようにしている」。

二〇一二年、『ル・ポワン』紙のオーナーであるフランソワ・ピノーは、『シャランジュ』誌で次のように打ち明けた。「ニコラ・サルコジが『ル・ポワン』紙の経営陣からフランツ＝オリヴィエ・ジズベール(FOG)を追い出すように何度も要求したのは、私に対してです」。このような大統領による介入の試みは株主にとって不愉快なもので、逆効果を生むことになる。その後、FOGはしっかりと支えられてその地位にとどまった。アラン・ジェネスターは逆のケースを語っている。この『パリ・マッチ』誌の元編集長はその著書『追放』(*Expulsion*, 2008)のなかで、サルコジ大統領の介入を受け、同氏の友人でこの雑誌のオーナーであるアルノー・ラガルデールによって解雇されたと主張している。その理由とは? 二〇〇五年八月に、愛人のリシャール・アティアス(そのあと夫となった)と一緒にニューヨークでマンションを探しているセシリア・サルコジの写真が表紙に掲載されたことだった。

ほかにも、二〇一三年にジェフ・ベゾス(アマゾン社)が『ワシントン・ポスト』紙を、二〇二二年にイーロン・マスク(テスラ社、スペースX社)がツイッター社を買収したことを記しておこう。

風刺画

新聞の優れた風刺画は長文記事に勝るのか? いずれにせよ、それは読者の目を引き、私たちの視覚的記憶に入り込む。新聞の風刺画家はジャーナリストなのか? それには何の疑いもない。彼らは、写真記者がその同類であるように、記者なのか？　それとも論説委員なのか？　それは、その風刺画が意見を表明しているのか、あるいはただユーモアを使ってニュースを説明しているのかによる。『モン・コティディヤン』紙では創刊号から、画家のシャルブ（一九九五〜一九九九年）、次にベルト（一九九九年〜）に「意見ではなく、ユーモアを」と指示してきた。記事に挿入するだけの写真（お飾りの写真やニュースとは関係ない写真）は禁じており、写真なしの記事もあるため、本紙では毎日約十二枚の絵が大きな位置を占めている。その反対に、シャルブは他方で、『シャルリー・エブド』紙ではたとえば完全に反軍事的・反宗教的な意見を表明しながら存分に楽しんでいた。シャルブについては——ポントワーズ〔パリ北西〕の公会堂で、別れのメッセージやイラストが描かれたクリーム色の棺の思い出が私の脳裏から離れない——二〇一五年一月の、すなわちフランスでまだこのテロ襲撃事件が生じていなかった頃の、未来を予感させる彼の絵を思い出してみよう。「待っていてください！　新年の挨拶は一月末までできます」

米国では、大抵の場合、風刺画は新聞の「意見（Opinions）」ページ（「社説（Editorial）」とも呼ばれるページ、あるいはその反対側の「オプエド（Op-Ed）」ページ）に掲載される。『カナール・アンシエネ』紙では、風刺画はあちこちに（毎週火曜日に作業に没頭していた今は亡き友カビュのものもまだ）掲載されており、中立的な内容ではない。『ル・フィガロ』紙では昔からジャック・フザンの風刺画が、『ル・モンド』紙では二〇〇五年から二〇二一年までプランチュの風刺画が第一面に掲載されていた。『デイリー・テレグラフ』紙では一九八八年からマットが担当している。そういえば、「クセジュ」にこれまで風刺画が掲載されたことがあるのかをフランス大学出版局（Ｐｕｆ）に尋ねなければならない。もしあるなら、シャルリー・エブド襲撃事件後にマットが私に送ったものを掲載してもらいたい。そこには編集室に入ろうとする二人のテロリストが描かれている。一人がもう片方に次のように言う。「気をつけろ、彼らはペンを持っているかもしれない」

名誉毀損

フランスの行政機関のサイト(service-public.fr)には次のように詳しく記されている(太字で強調したのは私だ)。

名誉毀損〔の訴え〕とは、人の名誉や評価を傷つける**行為**だと申し立てることや、嫌疑をかけることである。問題の行為の真偽はともかく、その行為の確認および議論を支障なく行えなければならない。その行為は、「なにがしがその**行為**を犯したのか?」という質問に「はい」あるいは「いいえ」で答えることが可能でなければならない。

問題の**行為**は、免状の偽造のように、犯罪の遂行となりうる。(……)名誉毀損で訴えられた者は、自らの主張の証拠を示すことで自己弁護を試みることができるが、その証拠だけでは無罪を証明するのに十分ではない。というのも、名誉毀損は事実も対象になるからだ。したがって判事はむしろ、行為の主が名誉を傷つける言葉を被害者に向けたことが適当だったかを確認することになる。他方で、証拠は完全かつ完璧で、放たれた批判と関連がなければならない。証拠はその言葉が事実であること、そして問題の行為が遂行されたことを十分に証明しなければならない(……)。訴えられた者は自らの善意を主張することもできる。善意は次の四つの基準を満たしていることを前提としている。(一)表現に慎重さと節度があること。言葉に誇張がないこと。(二)被害者との間に個人的な争いがないこと。(三)たとえば健康に関わるスキャンダルの調査のように、正当な目的が存在していること。(四)発言内容が事実かどうかは別として、調査が誠実であること。発言の主がジャーナリストであろうとなかろうと、当人による非難は、たとえ最終的に間違いだったとしても、確かな**事実**に基づいていなければならない。当人はそれらの非難をいい加減に放ったのではないこと、あるいは意図的に嘘をついていないことを証明しなければならない。

テレビ司会者(ジャーナリスト?)で元大臣のロズリーヌ・バシュロは、二〇一六年にとあるテレビ番組で、ドーピングをしたとしてスペインのテニス選手ラファエル・ナダルを非難したことで、二〇一七年にパリで罰金五〇〇ユーロ(と損害賠償として一万ユーロ)の執行猶予付き有罪判決を受けた。

引用の続き:
たとえその主張がごまかしや疑惑の形でなされていたり、あるいはほのめかしだったとしても、名誉毀損になりうる。たとえば、発言の主が条件法を使った場合などだ。たとえその主張がはっきりと相手を名指ししていなくとも、(たとえば役職を言うなどして)相手が特定されうるものならば、その場合も名誉毀損とみなされる。もしその非難が**事実**でないとすれば、その主張は侮辱に分類される。

公の場における名誉毀損は、行為主やその行為の被害者と関係のない人々が聞いたり読んだりしうる名誉毀損のことである。街中で発せられた言葉、新聞やインターネットサイト上に掲載された言葉がそうした名誉毀損のケースである。

二〇一六年、『ル・モンド』紙はジョン・マルコヴィッチがスイスに銀行口座を隠し持っている（スイスリークス事件）と間違って公表したことで、名誉毀損の有罪判決を受けた。この日刊紙は、新聞の第一面とサイトのトップページに判決報告を掲載するよう命ぜられた。ジャーナリストのジュラール・ダヴェとファブリス・ロムはそれぞれ罰金一五〇〇ユーロを、発行人（ルイ・ドレフュス）は罰金千ユーロを、そして損害賠償としてこの米国の俳優に一万ユーロを支払うよう言い渡された。この判決は二〇一七年に控訴審で確定した。

引用の最後：

ソーシャルネットワーク上でなされた発言もまた、公の場における名誉毀損とみなされうる。アカウント所持者が鍵をかけなければ、なされる発言を全インターネットユーザーが見ることができ、鍵をかけた場合には、ある程度限られた「友人」しか見ることができなくなる。もしなされた発言が、誰もが見ることのできるアカウントから発せられたのならば、それは公の場における名誉毀損となる。

ジャーナリズム学校

ジャーナリズムを専攻する学生は何を学ばなければならないのか？　実際の出来事をできる限りうまく伝えることである。それゆえ、ニュースを見つけたとして、次のことを学ぶ必要がある。（一）最小限の言葉で、したがって不要な言葉は使わずに、最大限の情報を書く。（二）どのメディアであろうと、自分の「原稿（papier）」（「article（記事）」という言葉は紙版あるいは電子版の新聞・雑誌に限られる）のアングル（視点）を守る。（三）原稿内で語られるすべての事実（誰が、何を、いつ、どこで、なぜしたのか？）を確認する。それゆえ、慎重を期しての条件法〔三四ページ参照〕は使わない。そして「読者の手を取って」読者を原稿の最後まで導くために、最も重要な情報から書き始め、それから議論を発展させる。（四）読者にとって理解しやすく書くために、読者のレベルに合わせる。したがって、専門用語は用いず、文脈（コンテクスト）を記述し（優れた一般教養が役立つ）、あらゆる難しいテーマを平易に書く。（五）「アタック」と呼ばれる最初の一文で読者を惹きつけ、「落ち」と呼ばれる最後の一文で読者の意表をつく。（六）読者や視聴者を迷わせないために、一文を長くしない。（七）正しいフランス語で書く。（八）読みたい気持ちにさせるために、できる限り最良のタイトルをつける。（九）ニュースのフォローアップを行う（事件の続き、すなわち、その後の数日間・数週間・数カ月間の出来事も伝える）。（十）いくつかの法（たとえば名誉毀損に関わるもの）や倫理規則（同業者の記事をコピペしない、プライバシーや無罪推定を守ることなど）を遵守する。

要するに、ジャーナリズムにおいては、正しいメッセージを伝えること、したがって、読者の立場に身を置き、彼らの代わりに、そして彼らのために好奇心を働かせること、発信よりもむしろ受信について考えることが伝達者として特に重要である。ほかに学ぶべきことは、技術面（ページ組み、音声や動画の編集など）だけである。

ジャーナリズム学校で学ぶことにより、非常に正確な情報伝達ができる一流のジャーナリストになることが可能だ――そうでない場合もあるが。高い精度が求められるこの仕事において、ジャーナリズム学校で学ぶことは大きな強みになる。

経済

アングロサクソンの国々では、ジャーナリストは「経済（Economie）」部ではなく「ビジネス（Business）」部に所属する。それが状況を物語っている。フランスでは、経済ジャーナリストは「政治」部と「社会」部に支配された編集部において冷遇の対象となっている。たしかに、経済には次のような五つの悩みがある。（一）ジャーナリズムが正確さを追求する一方、経済学は精密科学〔数学・物理学・天文学など〕ではない。（二）企業は〔ジャーナリストによる〕調査や証言収集に対してあまり情報を開示しようとしない。そのことはエリーズ・リュセ〔調査報道番組『カシュ・アンヴェスティガシオン（Cash investigation）』のジャーナリスト〕が実証できる。「営業秘密」が法で保護されているだけになおさらである。『シャランジュ』誌は二〇一八年にコンフォラマ社の管財人の選任について暴露したがために、商事裁判所によって有罪判決を受けた。（三）高校での経済の授業――失礼、正しくは経済社会科学（SES）の授業――は非常に社会学的、マクロ経済的（市場均衡）、理論重視であり、あまり経済学的、ミクロ経済的（企業行動）、実践的ではない。（四）一部のジャーナリストは、企業のために宣伝していると非難されることを恐れ、企業名を口に出すことすら躊躇する。しかし、ある企業に関する情報を正確に、したがって企業名を出して伝えたからといって宣伝にはならない。宣伝とは、情報ではなく宣伝を目的として、それを故意に行うものである——この指摘は、視聴覚とデジタルコミュニケーション規制機関（ARCOM）（旧放送高等評議会（CSA））の規則にも当てはまる。（五）経済は「生産手段」「マーケットシェア」「投資利益率」といった専門用語を使わずに記述することが難しい。

私はとある経済新聞（『レコ』紙——私は自社宣伝のためでなく、読者に情報を与えるために新聞名を挙げる）の編集長として、そして会社（プレイバック社）のトップとして、ジャーナリストたちの経済の理解度の低さを毎日目撃している。彼らは雇用者負担分を含めた給与総額とそれらの控除後の額を混同したり、総売上高と利潤を混同したり、さらには millions（数百万）と milliards（数十億）を混同したりする！　しかし、経済やお金といったテーマは、家族（「世帯（ménages）」という専門用語を用いるのは避けよう）および市民の生活において最も重要な役割を果たしている。そして、二〇一二年の大統領選挙キャンペーン時にビル・クリントンが言っていたように、まず何が大切か？と問われれば、「それは経済だ、愚か者！」。

発行責任者、編集長（英語の講義）

法律上で奇妙な点がある。フランスでは（たとえば名誉毀損やプライバシーの侵害のようなケースにおいて）刑事責任を問われるのは、編集長ではなく発行責任者である。編集長は発行責任者が選んで任命する。

だが、文責はたしかに編集長にある。発行責任者は企業主であり、ビジネスの責任者だ。発行の場合、その責任者は〔フランス語で〕エディトゥール（éditeur）と呼ばれる（英語では publisher）。編集長（directeur de rédaction あるいは rédacteur en chef）については、英語ではエディター（editor）と呼ばれる。この単語はフランス語に再び取り入れられた。たとえば、faire l'editing という表現は、編集の責任を担う、あるいは「原稿を改善する」ことを意味する。編集長の役割に関しては、curator という英語の言葉がますます使用されるようになってきている。curator はフランス語では trieur と翻訳できる（un curator は美術館の学芸員のことでもある）。米国のテレビジャーナリストであるダン・ラザーは「優れた調査ジャーナリズムは、勇気を持った発行責任者と編集長から始まる」と言った。

この場を借りて、フランスのメディアに氾濫する英語の空似語〔フランス語と語形が似て意味が異なる外国語〕をいくつか指摘しよう。public（視聴者）の意味で audience、ordre du jour（議題）の意味で agenda、programme（綱領）の意味で plate-forme、projet（計画）の意味で plan、mondialisation（世界的拡大）の意味で globalisation、soutenir（支援する）の意味で supporter、préoccupé（心配した）の意味で concerné、malheur（災難）の意味で misère、déçu（落胆した）の意味で désappointé、parachever（仕上げる）の意味で finaliser、occasion（好機）の意味で opportunité、concurrence（競争）の意味で compétition、（米国について）ministre des Affaires étrangères（外務大臣）の意味で secrétaire d'État、gouvernement（政府）の意味で administration が頻繁に使われている。

論説委員、コメンテーター

彼らはテレビではよく「論客」と呼ばれる。フランス・アンフォ〔仏ラジオ局〕では「情報通」と呼ばれる。フランス5の『セ・ダン・レール』〔テレビ番組〕に招かれたジャーナリストは「専門家」の一員となる。『ル・モンド』紙での呼び方は「コラムニスト」だ。要するに、呼び方はばらばらなのだ。米国の大手日刊紙では、論説委員とそれ以外の者は二つの異なる編集チームに分かれ、別々のページに掲載される。

論説委員はいかなる問題を生じさせるのか？ 彼らについて、（事実一〇〇％の）徹底したジャーナリストではなく「論説委員」と明記されていれば、まったく問題ない。つまり、これらの「オピニオニスト」は情報を与えているのではなく、自説を述べているのだ――あなたの友人がフェイスブックで「いいね」をクリックしたりしなかったりするのと同じように、あなたも論説委員の意見に賛成したりしなかったりする。二〇一七年三月十日、『ル・モンド』紙のメディエーター〔一〇三ページ「メディエーター」〕であるフランク・ヌシが次のように打ち明けていた。「たとえばフランソワーズ・フレソズ、ジェラール・クルトワ、アルノー・ルパルモンティエのように、コラムニストたちの役割はほかとはまったく違います。彼らは自分の見方を自由に述べることができます。彼らが望むならば、完全な主観でいいのです」

ところで、自分の意見を持つには、意見か事実のどちらに耳を傾けたほうがよいのか？ あなたは私に、「オピニオニスト」たちは事実に基づいて自分の意見を作り上げたのだと異議を唱えるだろう。しかし、ではなぜ番組編成者たちは、左派に分類される党派的な論説委員たちを、右派に分類される論説委員たちに向かい合うようにいつも配置するのだろうか？　私は〔意見の主張を〕さらにもう一段階先に進めることを推奨し、論説委員たちが大統領選の前後に誰に投票するのか、そして誰に投票したのかを公表することを提案する。複数の調査によれば、フランスのジャーナリストの四分の三、さらには五分の四が左派に投票すると回答しているだけに、いっそう透明性が高まるだろう。二〇〇七年の大統領選挙キャンペーン中、フランス2とRTLが自局の論説委員アラン・デュアメルを停職処分にしたことを思い出そう。パリ政治学院の学生たちを前にして、彼がフランソワ・バイルに投票すると発言したことがその理由だ。

ユーモア作家について最後にひと言付け加えたい。彼らもまたジャーナリストではないが、ニュースを扱う「オピニオニスト」である。一つだけ例を挙げよう。ニコラ・カントルーは二〇一八年五月二十四日に、ユーロップ1の司会者ジュリー・ルクレールに「現政権の最初のへま〔原文ママ〕は、速度制限を時速八十キロにしたことだ」と言わせていた。

エレモン・ド・ランガージュ（あらかじめ準備された論法）

二〇一一年五月十五日、日曜日。その前日、ドミニク・ストロス＝カーン（DSK）がソフィテル〔高級ホテルチェーン〕の客室係に対する性的暴行で告発され、ニューヨークで逮捕された。フランスの人々は朝目覚めて唖然とし、DSKの友人と支持者はその衝撃でふらふらになった。だが、彼らはすぐにメディアでちょっとした楽曲を次のように奏でた。「これは彼らしくない」。これはエレモン・ド・

ランガージュ、すなわち、ある立場を主張し、それを繰り返すためにあらかじめ準備・協議された論法である。唯一の問題は、同じ日とその翌日にトリスタン・バノン〔性的暴行を受けそうになったとしてDSKを告訴した仏女性作家〕が母のアンヌ・マンスレ（DSKの元恋人）、それから自分の弁護士ダヴィド・クビの声を通して反対の曲（「これは彼らしい」）を奏でたことだ。簡潔に言えば、エレモン・ド・ランガージュの長所は一つの同じグループ、特に政治グループが、多くのメディアにおいて一つの同じ声で話すことだ（団結は力なり）。短所は、無味乾燥な紋切り型の言葉であることだ。広報戦略家のジャック・セゲラは次のように認めている。「ちょっとしたフレーズ〔エレモン・ド・ランガージュのこと〕は、それが真のメッセージとして機能するときにのみ効果がある」（atlantico.fr）

調査

ジャーナリストの原稿一つ一つは調査（enquête）である。自分の代わりに調査を行ってくれたAFP通信に費用を支払って結果をコピーしない限り、ジャーナリストは少なくとも五つのW〔三一ページ「五つのW」〕に答えなければならない。五つのWを確認するために（最低でも電話で）調査を行う。よりよいのは、もしそのテーマに価値があるならば、現地に赴きルポルタージュを作ることだ。調査が長期的で困難、大変な仕事であるならば（「事件を表に出す」こと、すなわち、標的が隠そうとしているものを暴くことが目的だ）、それは「インベスティゲーション（investigation）」と呼ばれる。「インベスティゲーションもいつものジャーナリズムにほかならない。それは単に、さらに深い調査であり、より多くの労力を必要とするだけだ。この種のジャーナリズムにおける情報はスタジオ番組では提供されない。いわば「歯を食いしばって」その情報を探しに行かねばならない。その情報はデリケートかつ秘密であることが多く、隠し続けるつもりだったものだ」とスイスの『ル・タン』紙のシルヴァン・ベッソンは説明する。

大変な仕事？　多くの時間とお金を費やして、結果的に「特記事項なし（ＲＡＳ）」となるのは稀である。米国のテレビジャーナリスト、ダン・ラザーは次のように言う。

報道機関は番犬である。軍用犬でなければ、従順な子犬でもない。番犬なのだ。しかし、犬がいつも正しいとは限らない。番犬は危険なものを見たり感じたりしたときにだけ吠えるのではない。優秀な番犬は、疑わしいものを察知したときに吠えるのだ。

しかし、ジャーナリスティックな調査は理論上、予審判事の調査のようなものにとどまっている。すなわち、標的は無罪推定であるため、原告側にも被告側にも同じ程度配慮するのだ。「事件の可能性を見抜くことができ」なければならないとシルヴァン・ベッソンは言う。「これは、悪習、問題、そして犯罪の可能性を永遠に隠されたままにしないというある種の保証なのです」

フランスでは、たとえばカユザック事件が思い出される。この元予算担当大臣が脱税の罪に問われたのは、『メディアパルト』がこの事件を暴いたからだ。『メディアパルト』は二〇一八年には、ニコラ・サルコジに対する予審開始に貢献した。彼は、二〇〇七年に勝利した大統領選のキャンペーンの際にリビアから資金を受け取ったとして告発された。二〇二三年において彼は無罪推定である。この調査が最終的に成功に終わるか失敗に終わるかは今に分かるだろう。どちらのケースでも敗者がその評判を失うことになる。緊張感が高まっている。

国際調査報道ジャーナリスト連合（ＩＣＩＪ）による非常に大きな仕事も強調しておこう。フランスからは『ル・モンド』紙、ラジオ・フランス、そしてフランス２（調査報道番組『カシュ・アンヴェスティガシオン』）が参加している。一九九七年に発足したＩＣＩＪは、コラボレーションによって大量のデータを分析したのち（データジャーナリズムと呼ぶ）、「リークス」（オフショア・リークス、ルクセンブルク・リークス、スイス・リークスなど）と「文書」（パナマ文書、パラダイス文書など）に取り組んできた。

注意すべきは、ジャーナリストは当然ながら、警察の手段も、警察と同じ倫理も持っていないということだ。司法とジャーナリストの役割は異なっている。司法は証拠を必要とする。ジャーナリストは必ずしも証拠（資料）を手にしているわけではないが、情報源を持っている（たとえば、二〇一七年に『ザ・ニューヨーカー』誌と『ニューヨーク・タイムズ』紙に掲載されたような、ハーヴェイ・ワインスタインの性的暴行を裏付ける信頼度の高い証言）。そして、ジャーナリストが事件の真相を確かめて世に出しても、すでに時効が成立しているために司法判断は得られないこともある。

米国

なぜメディアは米国で起こっていることをこれほど報道するのだろうか？　答えははっきりしている。米国は最も強大で、最も影響力のある国だからだ。軍隊、企業、ＮＡＳＡ、イノベーション、発明、文化、スポーツ、一流選手、スター、「通貨の王様」ドル（国際貿易において最も使用されている通貨）、世界の中心都市ニューヨークなど。これらすべての理由から、そしてある程度の反米主義、あるいは反資本主義によって、フランスのメディアは米国のニュースを多く報道する（イタリアの日刊紙はそれ以上に報道する）。実用的な理由もある。フランス人にとって英語は、米語さえ、中国語やヒンディー語、日本語、ロシア語よりも理解するのが（話し言葉でも書き言葉でも）より簡単だからだ。さらに、フランスのジャーナリストが米国のメディアを熱心に追っているからでもある。そして最後に、米国のジャーナリズム、なかでもインベスティゲーション〔六四ページ「調査」〕は、ハリウッドによって人気が高まり、一部のフランス人にとっては神話的であり続けているからである。

専門家

専門家は二種類存在する。討論番組で自分の意見を述べる人たちと、技術的・科学的・歴史的なテーマに関する鑑定を提供する人たちだ。私はもちろん、後者のほうを尋ねに行くことを勧める。そのよい例をいくつか挙げよう。福島原発事故が起こったとき、私は原子力の専門家で放射線防護・原子力安全研究所（ＩＲＳＮ）の所長、ディディエ・シャンピオンに何度かインタビューを行った。私の初歩的な質問に、彼は決して意見を織り込まずにいつも答えてくれた。私は移民に関するルポルタージュも多く書いたため、フランス難民無国籍保護局（ＯＦＰＲＡ）の当時の局長パスカル・ブリスにもたくさん質問し、彼とは仲良くなった。彼と彼の（難民申請の書類や事例を一件ずつ）審査する「保護官」チームは、一九五一年のジュネーブ条約および、この法文の諸基準に従った「科学的な」条約適用の専門家たちだ。同様に、非政府組織（ＮＧＯ）であるヒューマン・ライツ・ウォッチ（ＨＲＷ）の研究者たちも人権侵害に関する専門家であり、どこどこの国の現地に赴いては証拠を探し、人権侵害を資料で裏付けている。たとえばピーター・ブカートだ。

ジョン・Ｆ・ケネディ（ＪＦＫ）が暗殺されてから五十年後の二〇一三年、私はＪＦＫの専門家といえばこの人だ！というフランス人を発見した。それはフランソワ・カルリエで、彼は趣味が高じてアマチュアから一九六三年十一月二十二日の専門家になった。若いジャーナリストたちに一つアドバイスを。専門家があなたに意見を述べ始めたら警戒しよう！　社会運動に打ち込む専門家はアクティビズムが高まる一方で、専門的鑑定をしなくなる。

フェイスブック

フェイスブックは理想主義的かつ楽観的な会社です。当社が存在してきたほとんどの期間、私たちは、人々を結びつけることがもたらしうるすべての利益に集中してきました。（……）

しかし、これらのツールが害を与えるのにも使われ、それを阻止するために私たちが十分な対策をしてこなかったことが今や明らかになりました。そしてそれは、**開発業者やデータプライバシーだけでなく、フェイクニュースや外国による選挙干渉、ヘイトスピーチにもおよんでいます。**私たちは自身の責任について、十分に広い視野を持っていませんでした。それは大きな間違いでした。そして私の間違いでした。申し訳ございません（……）。

以上が、二〇一八年四月十日に米国上院でフェイスブックの創業者マーク・ザッカーバーグが述べた謝罪（部分的に筆者が強調した）である。

結論として、もしフェイスブックがメディアとみなされるならば、二〇二三年において世界で三十億人ものユーザーに誤った情報が与えられるおそれがある。よく注意せよ――フェイスブックはメディアかあるいはメディアのメディアである。なぜなら、そこには近況《ニュース》が（ほぼすべてのメディアによる報道《ニュース》も含めて）掲載され、コメントがつき、すべての人（読者）か（当初の構想である）家族を含めた友人だけにシェアされるからだ。

ファクトチェック（二つの意味）

ファクトチェックは、この言葉の一般的な意味ではジャーナリズムの基礎である。ファクトは、それが十分にチェックされてファクトとなる（check and double check は米国のジャーナリズム学校で教えられ、バージニア州にかつて留学していたフィリップ・ラブロが私によく念押しした）。もし第二の情報源でチェックできなければ、そのことを明示しなければならない。世界的な報道機関は、二〇一八年にジャーナリストのアルカディ・バブチェンコが殺害されたとの発表をしたことで一つの教訓を得た。（「ウクライナ政府によれば」という）ただ一つの情報源を明記すべきだった。というのも、このニュースは間違っていたからだ。フランス・アンフォのイニシアチブを高く評価しよう。このラジオ局はローラン・ギミエのてこ入れで「保証」という名の局内ファクトチェックチームを創設し、フランス・アンフォ（ラジオとテレビ）が発信した情報すべてをチェックしているのだ。

ファクトチェックは、この言葉の二十一世紀的な意味では発言、特に政治家の発言のチェックとなった。インターネット上やツイッター〔現X〕でのライブ配信によって、一部のジャーナリスト（米国ではAP通信、『ニューヨーク・タイムズ』紙、『ワシントン・ポスト』紙など）は選挙キャンペーンの大規模な討論会の際に、候補者の発言のファクトチェックをリアルタイムでも行っている。素晴らしい民主主義的ツールだ。〔ウェブサイト〕「ポリティファクト」とその〔コンテンツ〕「Truth-O-Meter」は、バラク・オバマが勝利した「二〇〇八年の大統領選挙キャンペーンの間、七五〇の政治的発言を調査して真実とレトリックを区別した」ことで二〇〇九年にピューリッツァー賞（国内報道部門）を受賞した。二〇〇七年に『タンパベイ・タイムズ』が作った「ポリティファクト」は、二〇一八年に「非営利の」ジャーナリズム学校であるポインター研究所に移譲された。このフロリダ州の新聞も同研究所に所属している。「ポリティファクト」の「真実のバロメーター」には、正確・大体正確・半分正確・大体誤り・誤り・馬鹿げている、の六段階がある。

三面記事

「フェ・ディヴ（fait div）」と言ったりする〔「三面記事」の原語は「フェ・ディヴェール（fait divers）」〕。一部のメディアは三面記事を好まない。第一に、面白いことをめったに言わない社会学者ピエール・ブルデューの駄洒落を引き合いに出すと、「三面記事（le fait divers）は気晴らしになる（fait diversion）」。『クロッシュメルル』〔ガブリエル・シュヴァリエによる小説〕のストーリーや犬がひき殺されたというような取るに足りない話題が語られている間、私たちは重要なニュースから遠ざかる。第二に、三面記事は「社会の出来事」を作り出すが、（例外的な）出来事は必ずしも（繰り返し起こる）現象ではない。

その典型例は、ヴォワーズおじいちゃんの事件だ。オルレアンで二〇〇二年四月十八日、この年金生活者は自宅で襲撃され、住まいが燃やされた。当時の状況は解明されていない。〔犯罪をズームアップした〕うんざりするほどの報道が特にTF1のテレビニュースでなされ、その数年後、ニュースディレクターのロベール・ナミアスが〔過剰放送の〕過ちを認めた。この事件は、同年四月二十一日の大統領選第一回投票での、国民戦線（FN）候補者ジャン＝マリー・ルペンに対する社会党候補者リオネル・ジョスパンの予想外の敗退に一役買ったのだろうか？〔FNおよびルペンは治安問題を常に重視していた〕

視聴率から判断して、三面記事が視聴者や読者を惹きつけるのは確かである。彼らは〔犯人よりも犠牲者に！〕自分自身を重ね合わせる。また、これらの不気味で恐ろしい惨劇が哀れみ、嫌悪、不公正、怒りといった強い感覚を呼び起こすという点で、三面記事は常にセンセーショナルである。そこにはミステリーやサスペンス的な部分もある。結果、現実〔ジャン＝クロード・ロマン事件、デュポン・ド・リゴネス事件、シュヴァリーヌ事件など〕はフィクション（スリラー映画、犯罪映画およびその他の刑事物シリーズ）よりも強烈だ。

ところで、三面記事を専門にしているジャーナリストは「フェ・ディヴェルシエ（fait-diversier）」と呼ばれている。

事実？ それとも意見？

どちらかを選び、どちらなのかを言わなければならない。読者・視聴者のなかで事実と意見が混ざり合わないようにするためだ。ジャーナリズムはいくつかのルールに従う厳格な仕事だからだ。ソーシャルネットワークが証明しているように、意見は誰にでも言う権利がある。「不服従のフランス」の国民議会議員アレクシス・コルビエールを例に挙げよう。二〇一八年五月五日、彼は「マクロン祭り」デモについて説明するなかで、人で埋め尽くされたパリの写真を見せた。それは、四万人――メディアグループのための調査会社オキュランスによる事実の数字――のデモ参加者によって埋め尽くされていたのか？ 否、一九九八年七月十三日のサッカーワールドカップ優勝を祝うフランス人たちによって埋め尽くされていたのだった。意見とフェイクニュースの境界は、すぐに容易く越えられる。

事実のみを伝えるジャーナリズムを実践するメディアは珍しい（プレイバック・プレス社の新聞を挙げることをご容赦いただきたい）。大人気の『ジ・エコノミスト』誌は、事実と意見を混ぜているとさえ主張している。つまり、各記事においてこの二つが絡み合っているのだ。

グレーゾーンに注意しよう。事実が不完全で曖昧なときには、そのジャーナリズムは客観的なものにはならない。二〇一八年五月十五日のユーロップ1の八時ニュースで、マクソンス・ランブレックは次のようなフレーズを発した。「［パリの老舗カフェ］ラ・ロトンドで、エマニュエル・マクロンは自身の第一回投票の得票数をショービジネスの著名人らとともに祝った。その映像はひんしゅくを買った」。これをより事実に即したもの、したがって、客観的なフレーズに書き換えよう。「ラ・ロトンドで、エマニュエル・マクロンは自身の第一回投票の得票数を一五〇人の友人らとともに祝った。そのうち五人はショービジネスに関わる人物だ。[1]この大統領候補者に敵対する人たちは、怒りを覚えたと言った」

すべてのメディアにとって悩ましいのは、インタビューを通して外部の意見が表されることだ。その際には、ジャーナリストとして意見を述べられないからといって、述べてほしいことをジャーナリストではないインタビュー相手に言わせせないよう注意しなければならない。自分の考えに合う意見を聞きたがる人間の弱さや性向（「確証バイアス」）は誤りを誘う。ウォーターゲート事件を協働で暴いたジャーナリスト、ボブ・ウッドワードは最近、以下のように述べた。「私は記者たちの意見には興味がありません。彼らが見つけられるものに興味があるのです（……）。私たちの仕事は事実を手に入れることです」（二〇一七年のヴェロ・ビーチでの講演）。トランプ大統領時代のFOXニュースのスローガン、「本当のニュース。本当の正直な意見（Real news. Real honest opinion）」を彼が認めるとは私には思われない。

（1）ステファン・ベルヌ、リーヌ・ルノー、フランソワ・ベルレアン、ピエール・アルディティ、ダニー。

フェイクニュース

アンフォックス（infoxはinfo（情報）とintox（撹乱工作）の合成語）、すなわち「偽りの情報」と闘うジャーナリスティックな厳密さは「事実確認する」という一語に要約される。ニュース（英語ではnews）を事実確認した後にそれを伝えるのがジャーナリストの仕事である。その目的は、デマ（英語ではfake）ではなく、正しい情報を提供していることに確信を持つことだ。ジョニー・アリディが亡くなったという噂が広まった場合、ジャーナリストはそれを事実確認しないまま「ジョニーが亡くなった（らしい）」とは言わない。ジャーナリストとメディアが有名人の死亡を、当人が生存していることを確認せずに発表したことがあった（『ル・モンド』紙のケースではモニカ・ヴィッティ、ユーロップ1のケースではパスカル・スヴラン、AFP通信のケースではマルタン・ブイグなど）！

どのように事実確認したらよいのか？　近親者、友人、医者など、信頼できる情報源に話を聞く。より望ましいのは、情報源を二つにすること。もっと望ましいのは、情報源を三つにすることだ。というのも、情報源は間違えを犯したり、嘘をついて得をしたりするからだ。あるメディアが事実確認を行えば、その他のメディアはその情報をそのまま伝えることができる。そうする際には引用元のメディア名を示す義務がある（「レティシア・アリディはジョニーが亡くなったことをAFP通信に伝えた」）。

ジャーナリストが情報をよく事実確認していても、フェイクニュースが存在するのはなぜか？（一）ジャーナリストのなかにはミスをしたり、事実確認が不十分だったり、事実確認せずにコピペしたりする者がいるから。（二）事実確認されていない情報を一部の非ジャーナリストが流し、それらがフェイスブックやツイッター〔現在X〕でシェアされるから。自動投稿ツールを使用することで度を越すこともある。こうした非ジャーナリストたちは、噂をそのまま伝えたり、誰かを傷つけるために私利私欲で嘘をついたりする。

たとえば二〇一七年五月三日、ネット掲示板4chanの一部のメンバーが、フェイスブックとツイッター上で、エマニュエル・マクロンが海外に銀行口座を隠し持っているという「反論の余地のない証拠」を拡散した。翌日、大統領選の第一回投票と第二回投票の間の討論中、マリーヌ・ルペンがこの情報を取り上げて「あなたがバハマにオフショア銀行口座を保有していることが知られないよう願っています！」とほのめかした。マクロンはこれを否定した。二〇一七年の大統領選挙戦中のほかの例として、エマニュエル・マクロンが同性愛者だという噂が広まった（彼のボーイフレンドと言われた人の名前も）。どのジャーナリストもその真偽を確認することができなかった。マクロンはこれも否定した。

フェイクニュースはもちろん、あらゆる種類の陰謀論者たちによる産物でもある。見かけだけを信じ、簡単に確かめられる事実は信じない陰謀論のカモたちは、次のことを私たちに信じさせようとする――地球が平らであること、一九四五年にヒトラーはベルリンの地下防空壕で自殺したのではないこと、一九六三年にジョン・F・ケネディはダラスでリー・ハーヴェイ・オズワルド一人が撃った三発の銃弾のうち二発を受けて死亡したのではないこと、一九六九年に月に足跡を印した米国人は一人もいないこと、一九九七年にパリでダイアナ妃は自動車事故のありふれた理由（助手席に座っていた彼女のボディガードとは違い、シートベルトを締めていなかった）で亡くなったのではないこと、二〇〇一年九月十一日に米国国防総省（ペンタゴン）に飛行機は一機も激突していないこと、ドミニク・ストロス＝カーンは二八〇六号室のスイートルームで（客室係のナフィサトウ・ディアロの二枚重ねのパンティーストッキングに指紋、そして制服に精液を残して）政治的に自滅したのではないことなど。

二〇一四年にラジオ番組『公共精神（L'Esprit public）』で質問されたジェラール・ブロナー（『信じやすい人たちの民主主義』（*La Démocratie des crédules*, 2013）の著者）によれば、フェイクニュースは「真実に対する真実らしいことの優位」によって説明される。彼によれば、「陰謀論者が信じ込むのは当然ではないが、信じ込む理由がいくつかある」。ゆえにフェイクニュースは、私たちの偏見や信念による仮説の「確証バイアス」に加わる、私たちの「認知的倹約」と「知的怠惰」のせいで拡散する。フェイクニュースだと確認されてツイッター上で突き止められても、それを発信者がオンライン上に残すときは、その嘘はまさに意図的なものである。

注意しなければならないのは、意見はニュースではないということだ。したがって、たとえ意見が愚かであっても、それはフェイクニュースではない。ドナルド・トランプが自身の「フェイクニュース・アワード二〇一七」ランキングを発表したとき、一位は……『ニューヨーク・タイムズ』紙に掲載された、コラムニストのポール・クルーグマンによる意見［「これで経済は回復しない」］だった。

統合する

「統合する（fédérateur）」は、とりわけTF1、BFMTV、RTL、『ル・パリジャン』紙、『パリ・マッチ』誌といった一般読者向けメディア、あるいは大衆的メディアの編集会議で非常に広まっている言葉だ。黄金時代（一九四九〜一九七二年）の『フランス・ソワール』紙の編集長ピエール・ラザレフは、「ジャーナリストの第一の務めは読まれることである」と述べていた。様々な関心の的に読者を統合するニューステーマを見つけるのは編集長の役目である。『USAトゥデイ』紙を創刊したアル・ニューハースは、（天気以外で）人々が話していることを聞きにカフェに行くよう勧めていた。フランク・アネーズ（『ソーフット（So Foot）』誌や『ソサエティ（Society）』誌の創刊者）のほうは、ユーモア（humour）・ストーリー（histoire）・人間味（humain）から成る「3H」で読者の期待に応えている。難しいのは、男性と女性、パリジャンと非パリジャン、若者と高齢者を一つに統合することだ。「私のことについて話してください！」が一番の秘訣ではあるが、私とは一体誰なのか？ プレイバック・プレス社では読者クラブを設立した。私はインターネット上で、読者が最も読みたい（読みたかった）第一面のテーマについて、掲載に先立って週一回、結果分析のために月一回、彼らに尋ねている。よりよく読者を統合するために、彼らについてよく知るのだ。読者の獲得（つまりはビジネスの獲得！）を期待しつつ、ジャーナリストのためのジャーナリズムにしないことだ。

エバーグリーンな（テーマ）

エバーグリーンな（froid）テーマ、あるいは特集テーマ（英語ではevergreen story、あるいはfeature story）は「ホットな（chaud）」（ポルノ産業や天気予報とはまったく関係ない）最近のニュースと区別される。エバーグリーンなテーマはいつでも掲載（放送）できる。その長所は何か？（一）編集部がバカンス期間中、したがって編集メンバーが少ないときに記事を掲載できるよう、ずっと早くから準備できる。(二)掲載から一週間後、一カ月後、一年後、さらにもっと後でも読む(観る)ことができる。(三)検索エンジンから訪れるインターネットユーザーを長い間引きつけられるキーワードで全体を構成できる。おおよその数を挙げれば、ほぼすべてのメディアが扱うテーマの約半分がエバーグリーンである。雑誌はこうした「特集」テーマ——たとえば不動産市場、フリーメーソン、ネットワーク、ニューヨーク、笑い、ヴェネチア、サン=トロペ〔南仏のリゾート地〕、学校、哲学、心理学、栄養、売春、宗教、ワイン、癌、楽観主義、ダイエット、人生を変えること、睡眠、薬、ストレス、ロンドン、死、お金持ちなど——の王様である。これらのテーマをすべてホットにするには、「新しい」や「新たな傾向」といった言葉、あるいは「新しいことは何?」といった表現が添えられる。

無料

ジャーナリズムは、たとえ非常に質の高いジャーナリズムであっても、ラジオ・テレビについては(一部は受信料によって支払われるが)常に無料だった。新聞・雑誌のほうは、飛行機内や待合室内を除き、代金を支払わなければならなかった。それからインターネットが登場した……。『カナール・アンシェネ』紙のように、自社コンテンツのすべてあるいは一部をインターネット上で提供しなかったメディアは数少ない。AP通信のように、通信社でさえ自社コンテンツの一部をすぐにインターネット上で提供し始めたのだ。音楽・映画業界とは違い、なぜこのようにがむしゃらに突き進んだのか? それは、多くのメディアがずっと以前から無料だったからだ。それから、新聞・雑誌は次のように考えた。「紙の時代は終わりだ。我々はオールデジタル化を進めて、広告収入で経営を再構築するために市場シェアを奪いにいこう」

インターネットの普及とグーグルの創設（一九九八年）から二十五年が経った今、いかに総括できるか？（ユーチューブを保有する）グーグル社、そして二〇〇四年以降は（インスタグラムを保有する）フェイスブック社〔現メタ社〕がデジタル広告収入を独占した。インサイダー・インテリジェンスによれば、この二社は米国において、二〇二三年に広告市場全体の約五〇%を獲得した。『ニューヨーク・タイムズ』紙のような前衛的な新聞はまだ紙媒体に多額を投資している（ある女性編集長は、紙版の購入者限定の追加コンテンツを毎月作ることを任務としており、その一つが『子ども向けのニューヨーク・タイムズ（New York Times for Kids）』である）が、デジタル版については広告よりも購読契約を重視している。二〇一一年には『ニューヨーク・タイムズ』紙の無料コンテンツはペイウォールの裏側に移動した（当初は毎月二十本までは無料で読めたが、すぐに五本までとなった）。ちなみにその制限本数はグーグルを通して容易に回避できる。

こうしたことすべてによるジャーナリストへの影響はいかなるものか？（一）新聞・雑誌で書くジャーナリストの数が減少し、ウェブ上で増加した。（二）コンテンツが紙版の発行を待たない。編集部の大半が「デジタルファースト」となり、テレビのネット配信やラジオのポッドキャストが増加している。（三）ニュースにとっての一番の媒体がスマートフォンになり、特に（テロップ付き）動画によるニュースコンテンツのシェアが拡大した。（四）情報の受け手時代において、非ジャーナリスティックコンテンツ同士の競争が激しくなっている。彼らの注意を摑むには、中東の紛争地帯に関するインフォグラフィックスアニメーションよりも可愛い猫の動画を使うほうが簡単だ。こうした変化に適応したり、影響を被ったりするのはジャーナリストである（ニャー）。

序列化

どのようなテーマが最大のスペース、そして最良の位置を獲得する、すなわち、新聞の第一面やラジオ・テレビの「今日の主なニュース」、ニュースサイトの「トップニュース」に選ばれる価値があるか？　この位置は、「逃してはならない必見のトップニュースはこれだ」、なぜならこのニュースには「今日的意義がある」からだ、というシグナルを読者・視聴者に送る。この選択は、メディアおよび編集長の編集路線を如実に物語る。

大ざっぱに言うと、二つ派閥が対立している。ブーヴ＝メリー〔『ル・モンド』紙の創刊者〕そして『ニューヨーク・タイムズ』派 vs ラザレフそして『ニューヨーク・ポスト』派だ。前者によれば、重要性が興味に勝る。後者にとってはその逆で、『フランス・ソワール』紙の編集長〔ラザレフ〕は第一面と全ページに三面記事を掲載するのをためらわなかった。彼は読者が読みたがっているものは何かを考え、彼らの目線に立っていた。『ル・モンド』紙においては、この編集長は自分が読みたい新聞、したがって読者が読むべき新聞を作っていた。

一九六一年十二月七日の第一面を取り上げよう。当時、基準とされていた『ル・モンド』紙の二本の大見出しは次の通りだ。

・「エリザベートヴィルで続く激しい戦闘」
・「一九六二年の国家計画を審議するソヴィエト最高会議」
他方、「百万部以上を売り上げる唯一のフランスの日刊紙」『フランス・ソワール』紙のほうは次の見出しをつけていた。
・「物価上昇を埋め合わせるためとして予定されている家賃手当」
・「エリザベートヴィルの戦いに関する毎時の経緯、最初のストーリー：七十名の死者」
時に、ニュースの序列を避けられないことがある。『シャルリー・エブド』紙が襲撃された日に、フランス3のテレビニュース『12／13』がこの事件を冬のバーゲンや海水浴と同列に扱ったことで、編集長だったレジス・プランは辞任する破目になった。

各編集長はこの序列の選択に悩んでおり、ちょうどよさそうな位置にカーソルを置いている。ジャーナリストのジャック・シャンセルは、「私たちは読者が好むものを提供しているのではなく、読者が好むかもしれないと私たちが考えるものを提供しているのだ」と述べていた。理想主義者は、重要であるものを面白くする（そしてその逆ではない）のが日々の課題だと考える。

重要な（本当に？）

私はプレイバック・プレス社において「重要な（important）」という言葉の使用を禁じている。というのも、この言葉は明確ではないからだ。「すべてが重要ということは、何も重要ではないということ」である。また、あるニュースが重要か、重要でないかは意見である。二〇一六年のドナルド・トランプの大統領選出は重要か、重要でないか？　二〇一七年のエマニュエル・マクロンの大統領選出は重要か、重要でないか？　二〇二二年に彼が再選されたことは？　二〇〇八年のバラク・オバマの大統領選出、そして二〇一二年の再選は重要か、重要でないか？　一九六〇年のジョン・F・ケネディの大統領選出は、一九六三年に彼が暗殺されたことよりも重要か、重要でないか？　二〇二三年にエンバペが負傷したことは重要か、重要でないか？　パリ・サンジェルマン（PSG）と彼のチームメイトにとって重要なのか、それともすべての人にとって重要なのか？　アルプスで多数の命を奪った雪崩事故は重要か、重要でないか？　もし重要ならば、ほかのどんな悲しいニュースと比べても重要なのか？　たとえば、シリアの戦争、移民たちの〔船の転覆による〕溺死、二〇一七年の地中海での三千人の移民の死、カレーでトラックに轢かれた移民の死、あるいは二〇一八年冬のパリのポルト・ド・ラ・シャペルでの移民の凍死と比べたら？

「重要な」という言葉を用いることでよく生じるもう一つの誤解は、この言葉が「大きな（gros/grand）」という意味も持つことである。たとえば、「大きな金額（une somme importante）」がそうだ。

「歴史的な（historique）」という言葉もまた多く使われている。しかし、時をおいて見ると、「すべてが歴史的であるということは、（ほとんど）何も歴史的ではないということ」だ。

潜入

通則では、ジャーナリストは正々堂々と仕事をし、変装したりはしない。だが、不可欠な情報を探しに行くために、透明性を捨てなければならないことがある。ある場所に潜入するほどの価値がその情報にあるならば、そうしなければならない。アングロサクソン人の間ではイマージョン・ジャーナリズム、あるいはスタント・ジャーナリズム（stuntman は「好んで危険を冒す人」の意）と呼ばれていることのジャーナリスティックな調査法は、いくつもの有名な例によって描かれている。

十九世紀末、米国人女性のネリー・ブライ（ペンネーム）は女性のための精神病院に自ら収容され、そこで彼女たちが被っているひどい扱いを告発した。この話は『ニューヨーク・ワールド』紙に掲載され、『精神病院での十日間』（*Ten Days in a Mad House*, 1887）という本にまとめられた。そのヒットは、当時の米国のすべての新聞がこの方法を真似たほどで、女性記者たちはほかの問題（非合法中絶、児童労働、屠殺場での労働など）を暴いていった。二十世紀末にはドイツ人のギュンター・ヴァルラフがドイツ人であることを捨てて変装し、二年間、トルコ人の移民労働者になりすました。口髭を生やした彼はアリ・シニルリオグルという名で苦しい生活を送り、その成果は『最底辺——トルコ人に変身して見た祖国・西ドイツ』（岩波書店、一九八七年）に描かれている。それと同じことを米国人のジョン・グリフィンが、ジョン・F・ケネディの大統領選出（一九六〇年）直前に、黒人に扮してすでに行っていた。二十一世紀初めにはフロランス・オブナがウイストルアム（仏北西部）に六カ月滞在し、そこでアルバイトをして内側から経済恐慌について証言した。かつてイラクで人質になった（二〇〇五年）彼女は、『ウイストルアムの埠頭』（*Quai de Ouistreham*, 2010）のなかで、カーン＝ウイストルアム港からポーツマス行きのフェリー上で一人の掃除婦が被っていた不安定な状況と侮辱について語っている。「ほら、掃除婦になると誰からも見えない存在になるのよ」と新たな同僚のビクトリアが言う。

モーガン・スパーロックは二〇〇四年のドキュメンタリー映画のなかで、一カ月間、もっぱらスーパーサイズのビッグマックを食べ続けた。この『スーパーサイズ・ミー』のヒットにより、マクドナルドではこの商品の生産が中止された。二〇一四年にはイタリア人のファブリツィオ・ガッティが『密航者の道をたどるビラル』(*Bilal sur la route des clandestins*, 2008)を出版した。ビラルはガッティが用いた偽名である。この週刊誌『レスプレッソ』のジャーナリストは、イラク人難民に扮して潜入取材を行い、サハラ砂漠、地中海を横断し、ランペドゥーサ島の難民収容施設に行き着いた……。

もっと簡単な方法であるが、私は二〇〇六年のバカロレア試験に自由受験者として申し込んだ。その目的は、一九七九年に「優」の評価で経済・社会学系(ES)のバカロレアに合格してから長年を経た四十四歳の私が、準備なしで自身のレベルを確認するためだった。試験ごとの結果および小話は、口述追試験を含めて一冊の本に書いた。これは、ジャーナリストのハンター・トンプソンによる一九七〇年代の手法を借りると、ある種のゴンゾー・ジャーナリズム——個人的経験を通して真実を探しに行くもの——である。二〇〇〇年代には『ヴァイス・メディア』や『バズフィード』といった米国のウェブメディアが、この実験台ジャーナリズムを極端にまで推し進めた。そうして生み出されたこのジャンルの記事は、「一週間、ボーイフレンドに私の服を選ばせてみた」や「下着だけを身につけて仕事にやって来た(そしてこんなことが起こった)」などである。

情報か、それとも宣伝か

ジャーナリストは、ニュース・情報を伝えることでメディアから報酬を受け取る。ジャーナリストには、ブランドや製品のための宣伝をすることで広告主から報酬を受け取る資格はない。

各メディアにおいて、編集部と広告部の間に「壁」が必要である。別の言い方をすれば、フランス語で控え目に言うところの「宣伝ルポルタージュ（publireportage）」を回避しなければならない。このルポルタージュは広告部が作らなければならない。というのも、広告部に報酬が支払われるからだ。そして、編集部によって完全に独立した立場で書かれたジャーナリスティックなコンテンツにもしスポンサーが付く（ブランド会社から報酬が支払われる）ならば、そのことが明示されなければならない。

ニュースサイトやメディアのニュースレターにおいて、スポンサー付きニュースだと見抜くのは時に簡単ではない。ロマン・ドサル（成功を博した日刊ニュースレター、『Time To Sign Off（TTSO）』の編集者）よ、そうだろう? 以下は、20minutes.frが十三時に配信するニュースレター（二〇一八年五月二十二日）上で見つけた、記事のラインナップに挟み込まれた一本のスポンサー付きニュースである。

トップニュース——「マクロン、恵まれない地区への待望の施策を明かす」、「ハバナでの航空機の胴体着陸：生存者三名のうち一名が死亡し、合計死者数は百十一名に」

知見を広げる——「もし世界を変えたいなら、パンツを替えることから始めよう」

最新のニュース——「デモに参加する公務員たち」、「労働者階級地区を訪れるマクロン」、「厳重な監視下にあるアジャクシオ対ル・アーヴルの試合」など。

パンツ〔スポンサー付きニュース〕以外の問題として、インターネット、すなわちグーグルやフェイスブック、検索エンジン最適化（SEO）の急速な発展とともに、数多くのブランドが、検索可能なコンテンツ、とりわけ検索エンジンやソーシャルネットワーク上で見つけることができるコンテンツの生産者へと変貌を遂げたことがある。ブランドのためのこうしたブランデッドコンテンツ（branded content）あるいはブランドコンテンツ（brand-content）の目的は、そのブランドについて語ることではなく、プラスの価値を備えた分野にブランドを結びつけることだ。たとえば、コカ・コーラと音楽、ルノーと映画、これこれの保険会社と健康などだ。要するに、そこにジャーナリズムはない。

（よい）インタビュー

よいインタビューとは何かを説明するために、逆に、悪いインタビューとは何かを見てみよう。長すぎる質問、あるいは「自分のポジションにとって有利な」質問をして、ジャーナリストが前面に出るインタビュー。インタビューは発言時間が平等に割り当てられた二者討論ではない。たとえば、二〇一八年四月の、マクロン大統領とジャン＝ジャック・ブルダン（ジャーナリスト）とのテレビインタビュー＝討論でのエドウィ・プレネル『メディアパルト』の編集長）がそうだった。

ジャーナリストがインタビュイー（インタビューを受ける人）の回答を聞かず――たとえその回答が興味深くあっても――論じている最中に遮るインタビュー。インタビュイーの回答から話を進展させずに、事前に準備してきた質問を投げかける。対話は存在しない。質問↓回答↓妨害という流れが続いていく。一例として、ユーロップ1の朝の番組でのジャン＝ピエール・エルカバシュが時にそうだった。

二〇一五年八月三十日日曜日の『大討論（*Le Grand Débat*）』でのローラン・ファビウス〔当時の外相〕とのやりとりは以下の通りだ。

ローラン・ファビウス「多くの人々が欧州にやって来ています。彼らは政治的に国を追われているのです。なぜなら戦争があって……」

ジャン＝ピエール・エルカバシュ「〔話を遮るように〕それはすべて知っています。大臣、私たちは解決策がほしいのです」

ローラン・ファビウス「最後まで答えさせていただけますか？」

ジャン＝ピエール・エルカバシュ「簡単でなくとも、解決策がほしいのです」

ローラン・ファビウス「あの、あなたが私の話をすぐに遮ってしまいますと……。あなたはジャーナリズムの経験をある程度はお持ちのはずです。ですので、私に答えさせていただけますか？　そうしていただけると……」

反対に、インタビュイーのとめどない無味乾燥な決まり文句ばかりの駄弁をジャーナリストが遮らないインタビュー（ローラン・ヴォキエが二〇一八年初めに「クソなこと（bullshit）」という言葉を発し、その動画は拡散した）。

インタビュイー、なかでも質問に答えなかったり、的外れな回答をしたりする政治家を、ジャーナリストが追及しないインタビュー。一例として、一九九二年十一月にミッテラン大統領（七十六歳）に

（アルレット・チャボとともに）インタビューをしたときの若きリュート・エルクリエフ（三十一歳）だ。彼女は、ほかにも多数いるなかでもローラン・ファビウスが関与した感染血液スキャンダルについて質問した。ファビウスは社会党（ＰＳ）の第一書記で、一九八四年から一九八六年までミッテラン大統領のもとで首相を務めていた。

フランソワ・ミッテラン「誰であろうと、弁論して無罪を勝ち取るほうが好ましい。それによって疑惑が完全に晴れ……」

リュート・エルクリエフ「ファビウス氏も含めてですか？」

フランソワ・ミッテラン（苛立って）「私は個人の問題に踏み込みたくはありません。「ファビウス氏も含めてですか」とあなたは尋ねましたが、この質問には答えません」

するとリュート・エルクリエフは、ミッテラン大統領がその晩に提案した、高等法院および憲法の改革に話題を移したのだ……。それから十三年後の二〇一五年四月三十日、このジャーナリストは『テレ・オプス』誌に次のように打ち明けた。「私はこのインタビューの間、ミッテランの術策に気付かず、インタビューが終了したときには万事うまくいったと思いました。彼が私の気を引いていたという噂が広まるとは思いもしませんでした」

インタビューを文字に起こすケースでは、ジャーナリストがインタビューを録音せず、原稿をインタビュイーに送ることなくチェックもされないのはよくない。このインタビューが出版されると、録音すべきだった内容と合致していない。それと同じぐらい不適切なもう一つのケースでは、ジャーナリストがインタビューを録音せず、チェックのためにインタビュー原稿を送るが、政治家を取り囲む広報官たちが事実に関して校正するだけでなく、この彼らの有望株の回答を修正してしまう（ジャーナリズムではそれを「検閲する（caviardent）」と言う）。このような場合には、そのことを指摘し、インタビューの出版を拒否しなければならない。一例として、二〇一八年三月に『レ・ゼコー』紙が、エリザベート・ボルヌ運輸大臣へのインタビューの出版を拒んだ。本紙によれば「インタビューは慎重に行われたものの、首相官邸によって非常に多くの箇所が書き直された」。

要するに、もしインタビューが録音されなければ（『デイリー・メール』紙に寄稿しているジャーナリストのピーター・アレンは、机の上にGoProカメラを置いて録画していた）、いかなるミスもなくすために、チェックしてもらわなければならない。しかし、記事の一部削除を許してはならない。

インタビュイーが放った激しい言葉を編集長が削除するのもよくない。たとえば、アラン・ジェネスターが行ったように。彼はヤニック・ノアへのインタビューで、次の発言を含んだ段落を削ったのだ。「一つ確かなのは、もしサルコジが大統領になったら、私はすぐに逃げ去るということだ！」（二〇〇五年十二月十五日、『パリ・マッチ』誌）。ニコラ・サルコジは二〇〇七年に大統領に選出されることになる。

最後に、フランスと米国の違いを一つ指摘しよう。米国では、質問→回答→質問→回答のようなインタビューが文字に起こされるのは稀である。こうしたインタビューは、インパクトがあって分かりやすい瞬間だけを残し、記事を充実させるのに特に使われる。フランスでは、インタビュー時間が長すぎたためにカットしたり、口頭でのやりとりによって内容が首尾一貫しなかったりすることがよくある。そうした場合の解決策として、フランスではインタビュー記者がリライトを行う。したがって、インタビュイーが事実に関してチェックする必要がある。

ジャーナリスト

ジャーナリストという呼び名は管理されていない。誰でも「ジャーナリスト」を自称することができる。テレビやラジオの司会者がジャーナリストかどうかも分からない。たとえば、アンヌ＝エリザベット・ルモワンヌはジャーナリストか？　ローラン・リュキエはジャーナリストか？　シリル・アヌナはジャーナリストか？　ヤン・バルテスはジャーナリストか？

厳密な意味では、事実を伝える人がジャーナリストである。この単純な任務は一般大衆の頭に浮かぶものだ。ジャーナリストはニュースを私に伝えてくれる人、世界で何が起きているかを私に語ってくれる人である。編集長であれ編集者であれ、現場に赴く記者であれ机に向かう記者（ジャーナリズムでは「デスク」と呼ぶ）であれ、図版担当者であれカメラマンであれ、レイアウト担当者であれ編集実務責任者であれ、司会者であれ校正者であれ、この任務に携わっているあらゆるジャーナリストが、厳密な意味でのジャーナリストだ。

ジャーナリストという呼び名は、この肩書きの取得者が意見を言うことに励むようになったときに制御不能となる。論説委員、コメンテーター、ブロガージャーナリスト、ツイッター〔現X〕上で意見を言うのが好きなジャーナリスト、アナリスト、（米国風）コラムニスト、映画や書籍の批評家、放送中に「これこれの映画がとても気に入った」とさりげなく言う（失言する）テレビ・ラジオの司会者は、記者証を持っているという意味ではジャーナリストであっても、私からすれば、厳密な意味ではジャーナリストではない。

読者・視聴者の頭のなかでジャーナリズムのジャンルを混同したり、取り違えが起きたりしないために、私はこれら全員を「オピニオニスト」と呼ぶことを提案する。それとは別に「インフルエンサー」も存在し、彼らのほうは、インスタグラムやピンタレスト上で彼らが呼ぶところの「記事」を書いて（潜在的顧客に）影響を与えることで（ブランドから）報酬を得たり、重宝されたりしている。

ジョゼフ・ケッセル

ジョゼフ・ケッセルが書いた、当時ニューヨークの薄汚れたバワリー街〔マンハッタン南西部〕のルポルタージュを超えるものはあるだろうか？　以下の抜粋を読んでほしい。

「私の名前はフランク・T……。私はアルコール中毒者です」「私の名前はエリザベス・F……。私はアルコール中毒者です」

社会的ステータスによって、衣服は豪華だったり粗末だったりした。教育レベルによって、礼儀作法や声はそれぞれ異なっていた。しかし、このように話す男女たち、そして彼らに言葉をかけられた男女たちの出自、文化、服装、資産はどうでもよかった。彼らは皆、階級、人種、家族、あるいは愛の絆よりも強い共通の絆によって結ばれていた。白人だろうが黒人だろうが、金持ちだろうが貧乏人だろうが、無教養の人だろうが博識な人だろうが、彼らは連帯していた。かつて同じ猛烈な不幸を被ったことがあったため、そして、自らの肉体と魂をこの怪物の爪にゆだねたことがあったため、彼らは永遠の同志であった。

この『アルコホーリクス・アノニマスとともに』は一九六〇年にガリマール社から出版された。ロシア出身のケッセルは、数リットルのウオッカを飲むことができた。彼がそう語っている。アイルランド人の妻ミシェルが陥った病気としてのアルコール依存症に、彼は特に関心を持っていた。

フランスでは当時、アルコホーリクス・アノニマス（AA）は知られていなかった。多くの記者は、自らの手本としてアルベール・ロンドル〔『徒刑場で』（一九二三年）、『逃亡した男』（一九二八年）、『ブエノスアイレスへの道、白人女性売買』（一九二八年）〕を引用する。たしかに、彼が書いたルポルタージュによってこの徒刑場は閉鎖され、彼の名は四十一歳未満のフランスの戦場記者たちを毎年たたえる賞に付けられている。しかし、私はジョゼフ・ケッセルのほうを選ぶ。というのも、彼の『空の英雄メルモーズ』〔一九三八年、〔中央公論社、一九八八年〕〕は私が二十二歳だった頃からの愛読書であり、『影の軍隊』〔一九四三年〔早川書房、一九七〇年〕〕の映画版は私が大好きな映画だからだ。もしまだ読んでいなければ、『奇蹟の指をもつ男』（一九六〇年〔新潮社、一九六二年〕）や『奴隷市場』（一九三三年）、より短くて軽い作品としては、『ジャワのバラ』（一九三七年）や『恋路』（一九五四年〔新潮社、一九五五年〕）も読んでほしい。彼の友人メルモーズの人を魅了する着想のストーリーも、これらすべての本も、『パルチザンの歌』も、ケッセルに感謝したい！

出版と報道の自由

一七八九年のフランス人権宣言の第十一条は次の通りだ。「思想および意見の自由な伝達は、人のもっとも貴重な権利の一つである。したがって、すべての市民は、自由の濫用に相当すると法が定める場合をのぞき、自由に話し、書き、出版することができる」〔ウェブサイト「データベース『世界と日本』https://worldjpn.net/ より引用〕

米国合衆国憲法修正第一条には「連邦議会は、言論または出版の自由を制限する（……）法律を制定してはならない」とある。

フランスでは、どんな事実も書くあるいは言う一〇〇%の自由がジャーナリストにあるか？　ある。但し、名誉を毀損する場合（挙げられた事実が間違っている場合）を除いて。どんな意見も？　否。侮辱も、殺人や暴力や窃盗や破壊の呼びかけも、「国家の基本的利益」の侵害も、戦争犯罪の称賛も、テロリズムの扇動も、民族・性別の見かけや出自を理由とする人に対する「ヘイトあるいは暴力」の扇動も、どれも許されていない。ユダヤ人虐殺を否認することも。また、誤報の拡散が罰金刑に処せられることを付け加えておこう。「誤報が悪意から作られるとき、それは公共の秩序を壊乱することになる」（出版と報道の自由に関する法の第二十七条）

編集路線

編集路線を選ぶことは、そのメディアが何を扱うか、あるいは扱わないかを示すに等しい。非常に重要な選択である。メディアの社長（発行人）にとって非常に重要だ。というのも、彼が編集長（編集責任者）を任命したあとは、その人物により、完全に自主的にこの編集路線が適用されるからだ。それゆえ、編集長と編集者にとっても非常に重要だ。『レ・ゼコー』紙の社長ピエール・ルエットは、二〇二三年にユーロップ1で次のようにはっきり述べた。「編集路線は所有者によって定められます。所有者でありながら、自身が所有する新聞に書かれることについてまったく分かっていないなどありえません。たとえば『レ・ゼコー』紙は、その憲章に従い、経済自由主義を伝統としています。もし経済についてマルクス主義的な見方をするなら、『レ・ゼコー』紙で働いてはなりません」

広告部にとっても非常に重要だ。この編集路線のおかげで、記事の隣にある広告スペースが売れやすいかどうかが分かる。最後に、そしてとりわけ読者にとって非常に重要だ。どんな記事を期待できるかが分かる。ただ奇妙なことに、通信社を除外したメディアにおいて、編集路線が明白かつ明瞭であることは珍しい。私が思うに、編集路線は編集長の頭にある考え、そのメディアの今日までの歴史的経緯（『ル・パリジャン』紙では大衆的、『ル・モンド』紙では左寄り、『ル・フィガロ』紙では右寄りなど）、さらには読者（『リュマニテ』紙では共産主義者、『ラ・クロワ』紙ではカトリック信者、『ウエスト・フランス』紙では欧州統合支持者と人道主義者など）に大きく左右される。〔メディアにとっては〕包括的なスローガン――マーケティング用語で言うところの「アンブレラ」――を考案し、それを第一面に載せるのが手軽である。『ニューヨーク・タイムズ』紙の「印刷するに値するニュースはすべて掲載する」、あるいはプレイバック・プレス社発行の日刊紙の「毎日ニュースを知る」といったスローガンのように。

ロビー、「ロビートミーを施された」

ロビー（lobby）とは英語で「廊下」を意味する。以前には、ロビイストは（政府や議会にいる）標的に接触し、その人物に影響（決定や立法）を与えるために廊下で待ち伏せていた。今日では、インターネット上での影響力や圧力が「廊下効果」に取って代わり、インターネット上にいるジャーナリストたちも狙いをつけられている。原理は単純で、ジャーナリストは独立しているからだ。彼らは調査のためにあちこちでインタビューを行い、事実だろうが意見だろうが、あらゆる情報を歓迎する。その後、その情報をしたいようにする。逆から言うと、若いジャーナリストへの私のアドバイスは、もし「ロビートミーを施され（原語はlobbytomiséで、「ロビー」と「ロボトミーを施された（lobotomisé）」の合成語）」たくなければ、どんなプレスリリースに対しても用心することだ。特にそれらが、多くの場合とても立派な団体や組織または企業から発せられている場合には。ジャーナリストも時に私的に、市民として団体や組織を支援することがある。たとえば、アマゾン社、ATTAC（市民のために金融取引に課税を求める団体）、グリーンピース、UFCクショワジール、オックスファム、グーグル、CIMADE（難民支援団体）、ウーバー社、タクシーG7社、人権擁護連盟、アップル社、LICRA（人種差別と反ユダヤ主義に反対する国際連盟）、マクドナルド社、アムネスティ、移民の宿、SOSラシスム（反人種差別団体）、E・ルクレール社、フェイスブック社、フランスの家族、MEDEF（フランス企業運動）、イケア社、労働総同盟（CGT）、マイクロソフト社、アクトアップ〔エイズをめぐる諸問題の解決を目指す団体〕、テラ・ノヴァ〔シンクタンク〕、モンテーニュ研究所、脱原発〔反核団体ネットワーク〕、CFCM（仏イスラム教評議会）、CRIF（仏ユダヤ人代表評議会）、AFB（フランス銀行協会）、ANIA（全国食品産業協会）、フィリップモリス社、カルフール社、ヒューマン・ライツ・ウォッチなど。

「諸団体が〜を糾弾する」あるいは「ツイッター界が〜について燃え上がる」から始まる記事には用心しよう。ロビイストや「ロビートミーを施された」ジャーナリストの口から出た「危険」「自由を破壊する」「アンチ購買力」「人種差別的」「過激な、過激化した」のような不鮮明な言葉には用心しよう。用心して、その危険性などを確かめに行こう。一般化はできないが、プレイバック・プレス社の場合は、（私たちの日刊紙の購読をやめると脅してくる）スパムメールの受信数が二つのケースで増加している。一つは、私たちの日刊紙の一紙が闘牛（フランス、スペイン、メキシコなどで合法的な活動）の画像を掲載したとき。もう一つは、イスラエルとパレスチナの紛争について説明したときだ（事実のみの報道なのだが）。

地方記者、記者、上級記者

地方記者は地元ニュースだけでなく、県や地域圏のニュースも扱う。彼らはその地域の機関あるいは団体が告知したイベント（集会、会見、落成式、スピーチ、見世物など）や日常的な出来事（事故、乱闘、火事など）を取材し、人物紹介、調査、インタビュー、ルポルタージュも提供する。『ウエスト・フランス』紙では、十二の県、六十の地方編集部に五百人以上の地方記者がいる。これらの記者を地方通信員と混同してはならない。約二千五百人の地方通信員を使う『ウエスト・フランス』紙によれば、彼らの役割は以下の通りだ。

『ウエスト・フランス』紙に協力する地方通信員たちは、本紙のローカルニュースの大半を提供している。特に農村や地区のニュースに関して。これらの男性・女性はニュースのプロではないが、自分の村や地区のことをよく知っており、自分の村や地区を愛し、それについて話したり、そこで起こっている重要なことについて語ったりすることができる。彼らは別の仕事に従事しながら、空いた時間の一部を割いてニュースを集め、出来事の目撃者に会い、見世物や集会に足を運ぶ。

「オピニオニスト」（コラムニスト、論説委員、コメンテーターなど）と特定の作業専門のジャーナリスト（図版担当者、インフォグラフィック担当者、校正者、編集実務責任者など）を除いて、記者は皆、広義の意味でジャーナリストである。To report とは「事実を伝える」を意味する。記者は大抵の場合、現場に行って調査を行い、事実を確認し、伝える。一部のメディアでは、最も経験豊かな記者を「上級記者」と呼んでいる。たとえそのジャーナリストが現場に決して足を運ばないとしても、「上級記者」は職位（編集部のなかで副編集長の下か、あるいは部署リーダーの下）になったこともある。写真記者は、テクストやビデオではなく、写真によって事実を伝える記者のことだ。しかし、この三つ——写真・テクスト・ビデオ——の区別は、スマートフォン時代において、以前よりも明確でなくなった。ビデオジャーナリスト（JRI）は、特にテレビニュースのためにビデオ映像を持ち帰る記者である。出来事を報道するためや、ルポルタージュを作るために特別に派遣された記者は、特派員と呼ばれている。通信員は、単にオフィスがメディアの所在地ではなく、たとえばカレー〔ドーバー海峡に臨む港湾都市〕やロンドンにある記者のことだ。在ロンドンの通信員は、数日間カレーの特派員になることができる！

メディアリンチ

ドミニク・ストロス＝カーン（DSK）は二〇一一年にメディアリンチに晒されたのか？　二〇一六年の米国大統領選前のドナルド・トランプは？　二〇一七年〔仏大統領選〕のフランソワ・フィヨンは？　これらの疑問に答えてみよう。

DSKは？　そう、彼はメディアリンチに晒された。無罪推定に違反し、出版・報道の自由に関する法の第三十五条の三（「刑事訴訟で嫌疑をかけられてはいるが有罪判決は受けていない人物が特定されている、あるいは特定できる映像を拡散すること、そしてこの人物が手錠などの拘束物をつけていたり、仮拘留されているところを映した映像を拡散したりすることは、それがどんな手段であれ、どんな媒体であっても、当事者の同意なしにそれが行われた場合には一万五千ユーロの罰金刑に処せられる」）に違反した多くのメディアのなかで、彼は非難された。これらのメディアは無実の者に「リンチ」を加えたのか？　いずれにせよ、米国の刑事裁判の真実によれば、DSKは無罪である。なぜなら、ヴァンス検事が彼に対する告訴を取り下げたからだ。DSKは裁かれなかった。それゆえ、彼は無罪も有罪も宣告されていない。民事訴訟で彼とナフィサトウ・ディアロの間で合意書が締結されたことが分かっているとしても、だ。ソフィテルホテルのこの客室係のほうは、彼女もまた米国でメディアリンチに晒されたのか？　彼女は『ニューヨーク・ポスト』紙の第一面の大見出しで売春婦呼ばわりされた（この点については民事訴訟で、彼女と本紙の間で合意書が締結されたことが分かっている）。ヴァンス検事の言葉を咎めるすべてのメディアで彼女は嘘つき呼ばわりされた。ちなみに、これらの嘘はどれもDSKに対する彼女の告発には関係していなかった。

ドナルド・トランプは？　大統領に彼が選出される兆しがあったにもかかわらず（二〇一六年十一月十四日に『ロプス』紙のサイトに掲載された拙記事を参照のこと）、彼を勝者とみなすジャーナリストはほとんどいなかった。トランプは多くのメディアから絶えず「リンチ」された。二〇一六年の選挙キャンペーン時に三人に口止め料を支払ったのを隠したことで彼が調査を受けたのは、二〇二三年になってからだ。

フランソワ・フィヨンは？　彼は自分が「メディアリンチ」の被害者だと述べた。弁護士のエリック・デュポン＝モレッティのほうは「メディアの晒し刑」という言葉を口にした。この元首相は、控訴審で架空雇用の罪で禁固四年（実刑一年）の有罪判決を言い渡されるまでに五年も待たなければならなかった。裁判にかかる時間は長い……。これは無罪推定の時間だ。

パトリック・ポワーヴル・ダルヴォール（ＰＰＤＡ）〔フランスの民放（ＴＦ１）のニュースキャスター〕は？　有無を言わせぬ多数の証言があっても、時効であっても無罪推定なのか？　そうだ。ニコラ・ユロも？　そうだ。ＤＳＫ事件でヴァンス検事が主張したことを何度も言おう――無実の人が一人投獄されるより、百人の罪人が自由な身であるほうがいい。有罪判決を宣告されるのに有罪の証拠が必要なのはそのためだ（そして、アメリカンフットボールのレジェンドであるアフリカ系米国人のO・J・シンプソンが言うように、陪審員による評決もだ。彼は妻を殺害したと疑われて逃走したのち、過半数が黒人の陪審団によって無罪を言い渡された）。

結論としてメディアリンチは存在しており、それは無罪推定の人、時には無罪の人の評判を失墜させる。二〇一七年にはワインスタイン事件がこの問題を新たな角度から提起した。「リンチ」が多数の被害者を明るみに出し、彼によってさらなる被害者が出ることを阻止できたのだ（よいことだ）。反対に、**#BalanceTonPorc**（豚野郎を告発せよ）や**#MeToo**が付いたツイートによって、もしこの「豚野郎」の名前が垂れ込まれれば、証拠も証言も検証されることなくメディアリンチが可能になった（よくないことだ）。

訴訟事件の際のメディアリンチについてすべてを知るには、ロランス・ラクール（グレゴリー事件）の『無実の者の火刑台（*Le Bûcher des innocents*）』、マチュー・アロンとマリ＝フランス・エトシュゴワン（ボディ事件）の『トゥールーズの火刑台（*Le Bûcher de Toulouse*）』、フロランス・オブナ（ウトロー事件）の『思い違い（*La Méprise*）』を読むとよい。

「リンチ」という語の誤った使い方によって、米国の黒人が二十世紀にもまだ被っていた最も激しい暴力を表す定義がこの語の実質から取り除かれたことを忘れないでおこう。

この表現は、一九九一年にＴＦ１の番組『７／７』のなかで、ジョルジーナ・デュフォワ元厚生大臣によって使われた（彼女は「責任はあるが、有罪ではない」という有名な弁解をした人物でもある）。感染血液スキャンダルにおいて彼女とローラン・ファビウス首相は、一九九九年三月九日に共和国司法院によって過失致死罪の告発を免れた。

「メディアリンチ」という表現は、ジャーナリストのジャン＝クロード・ギユボーにより、右派のジャーナリストのミシェル・ドロワに関して考え出された。通信と自由に関する全国委員会（CNCL）の委員だったドロワは、右派のコミュニティーラジオであるラジオ・クルトワジが一九八七年に周波数を獲得するのを援助したかどで起訴された。ジャン＝クロード・ギユボーは次のように言った。「こうして、犯罪調査における守秘義務の破廉恥な侵害によって今や群衆から非難の的にされ、被告席に数日間座らせられ、テレビの撮影ライトを浴びせられ、事由が調査される前に身の心も破壊されるのです」

歴史家のジャン・ガリグによれば、フランスの新聞・雑誌における最初のリンチ被害者はジュール・フェリー（「フェリー＝トンキン」「フェリー＝飢餓」〔前者はフェリーがインドシナを植民地化したこと、後者は一八七〇年のパリ攻囲の際に配給制を課したことによる〕）で、十九世紀末のことだった（フランス・アンテルの番組『ル・グラン・バン』による）。その後には下院議員だったクレマンソー（パナマ疑獄における賄賂罪で不当に告発され、選挙で敗北）、ジャン・ジョレス（反戦主義を非難され、一九一四年に暗殺された）、ロジェ・サラングロ（一九一四年〔第一次世界大戦時〕に脱走したとして不当に告発された大臣で、一九三六年に自殺）、より最近では、ヴァレリー・ジスカール・デスタン（独裁者ボカサから贈られた百万フラン相当のダイヤモンドを所有していたとして一九七九年に不当に告発され、彼のテレビでの「断固としていて傲慢な否定」にもかかわらず一九八一年の大統領選で敗北）、ピエール・ベレゴヴォワ（ミッテラン大統領の友人から百万フランの資金を借り受けた首相で、一九九三年に自殺。ミッテランは「ある人物の名誉」が「犬ともに放り投げ」られたと語った）などがメディアリンチに遭った。もちろんのこと、今ではソーシャルネットワークが弦楽器の共鳴胴のごとく、「バッシング」と呼ばれているものを増幅させている。

定番の季節ネタ

バカロレア試験（難しいテーマだったか否か、問題の漏洩があったか否か、カンニングがあったか否か）とその結果／夏のヒット曲であるか否か／バーゲン／クラゲがいるか否か／日光浴のリスク／夏は山で過ごすか否か／猛暑／老人ホーム訪問／居眠り運転の危険性／キャンプに行くか否か／バカンス中の交通渋滞／ヌーディスムを実践するか否か／夏の飼い犬の放棄／夏休み学習ノートに取り組むか否か／夏限定レストランの食の安全違反／コート・ダジュールに行くか否か／学用品リスト／絵はがきを送るか否か／パリの外国人観光客／スリがいるか否か／先生、それから生徒の新学期／学生用物件は簡単に見つかるか否か／ラマダンの始まりと終わり／キノコを食べるか否か／万聖節（十一月一日）の墓参り、それから慰霊碑参り／初雪／冬の寒さのなかのホームレス／サンタクロースへの手紙／ランジス（パリ南郊）市場訪問／天然のもみの木か否か／料理の祝祭コース／七面鳥を食べるか否か／プレゼントの転売／包装し過ぎか否か／世界各地の大晦日の花火／元日の夜間労働者／一月一日の海水浴／祝祭翌日の消化不良と二日酔い／一月一日の物価上昇／ガレット・デ・ロワ（公現祭の祝い菓子）にアーモンドクリームを使うか否か／中国の春節／イースター（復活祭）前のショコラティエ／所得税の申告／「税制の隙間」か否か／今シーズン初の海水浴／五月の連休／ダイエットして夏に水着を着ることができるか（否か）など。これらすべては定番の季節ネタ（marronniers）、すなわち「見透かされ」、繰り返され、したがって予想可能で、すべての読者層が関心を持ち、彼らが待ち望んでいるテーマである。この表現の語源は、一七九二年八月十日にパリのチュイルリー宮殿で殺されたスイス傭兵たちの墓で咲くベニバナトチノキ（marronnier à fleurs rouges）に関する例年の記事である。各紙はこの折にアンシャンレジーム（旧体制）を懐かしんだり、そうしなかったりする。英国のジャーナリストはこうした記事を old chesnut（「古い栗」）と呼ぶ。

メディエーター

メディエーター―ジャーナリストは編集部において読者・視聴者を代表し、彼らからの質問に答えるために編集長にインタビューする。たとえば、『ル・モンド』紙のメディエーターで、二〇一七年の大統領選の際に本夕刊紙がマクロンのために働いていると考えた読者から質問を受けたフランク・ヌシは、政治部のカロリーヌ・モノから次の回答を得た。「私たちは、エマニュエル・マクロンをほかのどの候補者とも同じように扱っています」。そして、彼女の同僚であるフランク・ヌシは、紙面に掲載された自身のコラムで次のように強調した。

最後に：『ル・モンド』の政治部のジャーナリストをよく知るために、私はここで、彼らが何よりもまず厳格なジャーナリストであると言うことができる。彼らがテレビのスタジオで激しいコメント合戦に臨むところはめったに見られないだろう。また、彼らがどのように投票すべきかについて読者に教えることも決してない。彼らの大部分は非常に経験豊富で、へつらうことなく、あらゆる権力から独立して働いている。

同様に、一年後の二〇一八年三月、あるリスナーから「あなた方はマクロン派のラジオになったのでしょうか?」という質問を受けたラジオ・フランスの当時のメディエーター、ブルーノ・ドナスは次のように答えた。

多数のリスナーから、多くの大臣が私たちのラジオ局に招かれて話をしている印象があるとのメッセージが送られてきています。これは実のところ、一月一日から放送高等評議会(CSA、現在は視聴覚とデジタルコミュニケーション規制機関(ARCOM))によって課されている発言時間の新たなカウントシステムの「裏目の」結果なのです(……)。今では、平等の規則に従って行政府(大統領と政府)が発言時間の三分の一を享受し、残りの三分の二がすべての政治団体に与えられます。

要するに、メディエーター(オンブズマンとも呼ばれる)は読者・視聴者の代表である。残念なのは、メディエーターを抱えるメディアが非常に少ないことだ……。

街頭インタビュー

街頭インタビューはたしかに便利ではあるが、その長所は短所でもある。二〇〇五年にジル・ダル〔ベルギーの作家・歴史家〕が『リベラシオン』紙でテレビニュースでの街頭インタビューを例に挙げ、この問題を見事に要約した。

街頭インタビューはジャーナリズムの困った問題だ。そこから学ぶことは何もなく、それによって示された状況は誤りである。大ざっぱに言うと、街頭インタビューには二つのタイプがある（……）。一つ目のタイプの本質は、私たちがすでに知っていることについての確証を得ることである。（……）暑さに苦しんでいる人がいれば、さほど苦しんでいない人もいることは予想がつくし、ある人の死に苦しむ人がいれば、さほど苦しまない人もいることも予想がつく！　街頭インタビューを行う意図は、次のように理解できる。すなわち、情報に「人間味を持たせる」こと、情報を身近なものにし、より温かいものにすること。要するに、情報を「例証する」のである。こうした配慮は、たとえば、爆撃を受けて破壊された街を取り上げたルポルタージュでは正当である（……）。その悲痛な証言が、この情報に実体を与えるという点で有益だろう。それに対して、街頭インタビューの対象が子どもで、なぜ彼らが新学期の前日に泣いているかについて、年中バカンスであったほうがいいと彼らが言うのを聞くために質問するのであれば、このインタビューは無益だ。同様に、群衆のなかから数人のデモ参加者にランダムに声をかけ、彼らが戦う意味について質問するのは大変結構だが、路上である人にバーゲンから得ている喜びについて質問するのは意味がない。なぜなら、前者のケースでは数回のインタビューを通してデモ参加者の動機を捉えられる一方、後者のケースでは視聴者が学ぶことは何もないからだ（……）。同じく重視されている街頭インタビューの二つ目のタイプは、「ランダムに選ばれた」人たちに社会の問題について意見を聞くというものだ。「今の風潮を感じ取る」ために（……）。だが、統計の偶然によって、インタビューを受けた五人全員がもし死刑に反対だったら、この全員の発言を放送するのは不可能だろうと予想がつく。なぜなら、もしそうすれば、この街頭インタビューは偏っていると非難されるだろうからだ。街頭インタビューはこの意味では欺瞞である。街頭インタビューは、私たちがすでに知っていることについて確証を得ることが大事なのだ。（……）私たちは証言（「私はそれを見た」「私はそこからこう推論した」）から何かを学ぶことができるし、インタビュー（「私はこれこれの理由でデモに参加している」）からも同様である。しかし、街頭インタビューから学ぶものはない。それは、ルポルタージュに正当性の人為的な装いを与える。子どもたちが学校よりもバカンスのほうを好んでいることや、社会の重大な問題について意見が分かれていることを知るのに、街頭インタビューなどいささかも必要としない。

しかも、テレビやラジオでは、街頭インタビューがルポルタージュのように見せられることがよくある！　街頭インタビューは英国人が言うように、ストリート・インタビュー（vox pops（街の声）とも呼ばれる）でしかないのに。

レイアウト、演出

レイアウト・編集されない、つまりは演出されないジャーナリスティックなテクストとはいかなるものか。というのも、タイトルやリード文、小見出し、キーワードを用いて演出することで、テクストが引き立てられるからだ。テクストは、囲み記事（数字、歴史的経緯、地理、法律、人物の経歴、比較など）、画像、インフォグラフィックで飾られることもある。こうしてテクストを充実させることによって演出が促進され、読者にとって魅力が高まる。最終的に、形式においては、テクストが理解可能なだけでは不十分だ。読みやすく、聞きやすく、見やすくなければならない。したがって、読みやすさ、聞きやすさ、見やすさを高めなければならない。どの号でもよいので現在の『ニューヨーク・タイムズ』紙の一面と、百年前に発行された本紙の一面を手に取り、比較してください！　一九四五年の『ル・モンド』紙のあるページと、今日の『ル・モンド』紙のあるページを比較してください！『コリエーレ・デラ・セーラ』紙、『デイリー・テレグラフ』紙、『デイリー・メール』紙、『ビルト』紙の見開きページを手に取り、『ウエスト・フランス』紙、『ル・パリジャン』紙、『ル・フィガロ』紙の見開きページと比較してください！　フランス国立視聴覚研究所（ＩＮＡ）の映像あるいはＢＢＣの冒頭映像を観て、『ブリュット』や『ナウディス・ニュース』の映像と比較してください！　こうした演出が重要なのは今も昔も変わらない。読者・視聴者の情報源のほとんどがグーグル検索の結果やフェイスブックのリンク先ページになったとしても。

『ル・モンド』紙

『ル・モンド』紙は長いこと「参照すべき新聞」とみなされており、私は十六歳からこの新聞を読んでいる。高校の二年目が始まり、パリ政治学院で学ぶと決心した頃だった。私は当時、劣等感を抱きながら『ル・モンド』紙を読んでいた。国際関係に関するアンドレ・フォンテーヌの記事の明快さを楽しんでいた。記事に下線を引き、切り抜いて保存していた。通貨政策に関するポール・ファブラの計算については何も理解していなかった！　ジャーナリズムで数十年の経験を経た今日では、批判的な見方をもって、そしてスペルミスや条件法を用いたタイトルを目にしたときには優越感さえもって、この新聞を読んでいる。それでもやはり『ル・モンド』紙は、この新聞が何を語っているかを見るために、私が毎晩（ＰＤＦで）目を通している唯一の新聞だ。各購読者と同じように、私には独自の習慣がある。告知欄は常に見るが、「文化」面と社説は決して見ない。ウェブ版（Lemonde.fr）は決して読まない（しかし、ある講演会にて『ル・モンド』紙の社長が「本紙で最もヒットしているのは、毎週日曜に掲載される性に関するコラムである」と打ち明けるのを耳にした〔これらのコラムはウェブ版だけに掲載される〕）。

個人的な状況をこうして暴露したところで、『ル・モンド』紙に対してどんな批判をすべきか？　見かけよりも事実と意見がはっきりと区別されていないこと、一部のジャーナリストが事実から離れて分析ばかりする傾向にあること。ド・ゴール将軍は「『ル・モンド』に書かれていることはすべて間違っている。年月日さえも」と冗談で言っていた。

過去に関しては、重大な誤りについて、過ちの告白が何度か表明された。たとえば、インドシナ戦争に関して内容が偏っていたとジャン・ラクチュールが告白した報道。毛沢東の中国およびポル・ポトと彼のクメール・ルージュのカンボジアという、二つの残虐な独裁体制についての偏った、それゆえ理性を欠いた報道。グレゴリー事件やボディ事件〔ドミニク・ボディ〔元トゥールーズ市長、国民議会議員〕が死亡した際の二〇一四年四月十二日に掲載されたジェラール・ダヴェの記事を参照のこと〕、感染血液事件に関するいい加減な報道など。(1)

（1）より最近ではベナラ〔大統領府の元警備責任者で、マクロン大統領のボディガードを務めていた〕事件において、二〇一八年八月七日にアリアンヌ・シュマンが「めった打ち」と書いていた（コントルスカルプ広場で撮影された有名なビデオ）。その後の彼女による記事では「めった打ち」という表現は消えた。ベナラはこの若いギリシャ人に「暴行を加えた」だけだった。

近接性の法則

自分の村で起きた一人の死は、遠く離れた国で起きた多くの人の死よりも衝撃を与える。これはキロメートルの死の法則、すなわち近接性の法則である。

私は二〇一八年四月十四日土曜日（比較的静かな曜日だが）にこれを実践した。以下のタイトルは、AFP通信のニュースフィード上で「たまたま目にした」すべての死である。あなたが読者として最も関心を持った暗いニュースを選んでください。

・「エクアドル：誘拐された記者（二人）が死亡。軍が現地に派遣される」

・「映画監督のミロス・フォアマン(『アマデウス』『カッコーの巣の上で』)が八十六歳で亡くなった」
・「オーケストラ指揮者でバロックの専門家であるジャン゠クロード・マルゴワールが亡くなった」
・「ガザ:四人のパレスチナ人活動家(イスラーム聖戦)が爆発によって死亡」
・「ナルボンヌ〔南仏オード県の都市〕:一人の男性が警察署で勾留中に自殺」
・「シリア:米国政府は、シリア政府がドゥーマ〔ダマスカス近郊〕で化学兵器攻撃(四〇人以上が死亡)を行った〝証拠〟があると断言する」
・「エジプト:軍によれば、二七人のジハーディストがシナイ半島で殺害された」
・「トンブクトゥ(マリ):一人の国連平和維持軍兵が殺害された」

この日には、地中海での移民たちの溺死も、米国での銃乱射事件や警察による権力濫用も、アルプスでの雪崩による死亡事故も、フランスでの深刻な交通事故もニュースになかったことは注目に値する。ジャーナリストの仕事として最初にしたくなることは、誰が死亡したのかと何人が死亡したのかを知ることである。編集長の役目は、読者の関心を引く可能性が最も高いニュース、あるいは最も重大なニュースだけを採り上げること——したがって、読者にとってニュースを興味深いものにすることだ。

私は、『ニューヨーク・タイムズ』紙や『デイリー・テレグラフ』紙に毎日掲載される死亡記事を時々三~五本ほど読みながら、魅力あるタイトルが、まったく聞いたことがない人の人生を知りたくさせることにいつも驚いている。

約一六万人が日々亡くなっていること、そして、(小さな子どもを除いて)あらゆる人の人生に尊敬に値するストーリーが必ずあったことを忘れないでおこう。

中立

厳密な意味でのジャーナリストは中立である。中立であるとは、敵にも味方にも回らないことを意味する。中立であるとは、相反する二つの意見のどちらかを選ばないことである。たとえば、共和国大統領を普通選挙で選ぶことに賛成か反対か？（フランス、一九六二年）、死刑に賛成か反対か？（フランス、一九八一年）、大統領の五年任期に賛成か反対か？（フランス、二〇〇〇年）、同性婚に賛成か反対か？（フランス、二〇一三年）、原発廃止に賛成か反対か？（ドイツ、二〇二三年［に達成］）、「巨大貯水池」に賛成か反対か？（フランス、二〇二三年）

中立であり続けるには、ジャーナリストはいくつかのルールを守らなければならない。

（一）ジャーナリストは自分が賛成か反対かを言わない。たとえジャーナリストの裏にいる人間に自分の意見があるとしても。ジャーナリストは、左派の市民だろうと右派の市民だろうと、自動車運転手だろうとそうでなかろうと、闘牛好きだろうと闘牛嫌いだろうと、狩猟家だろうと狩猟反対者だろうと、肉食の人だろうとベジタリアンだろうと、パレスチナ支持者だろうとイスラエル支持者だろうと、信徒だろうと無神論者だろうと……「その身体から抜け出して」中立でいることができるのか？　できる。ミセス・ロビンソンがアン・バンクロフトではないように。あるいは、レオンがジャン・レノではないように。要するに、中立であるジャーナリストは、編集室の入り口に自分の意見と投票用紙を置いてくるのだ。

(二)ジャーナリストは賛成派と反対派に公平にインタビューを行う。必ずしも簡単ではない。ともかく両者の価値が同等でなければならない。これが、映画監督のジャン＝リュック・ゴダールによる皮肉たっぷりの言葉、「ユダヤ人たちのために五分、そしてヒトラーのために五分」の真意である。もっと軽い例を二つ取り上げよう。

ホメオパシーに関するラジオでの論議。一人の医学専門家(よりよくは三人の医学専門家)による科学的な意見の価値は、治療のためにこの療法に頼る一人の病人(よりよくは三人の病人)による、同様に科学的な意見の価値と同等なのか? あるいは、カプセルを製造する一カ所のラボ(よりよくは三カ所のラボ)のスポークスマンの意見の価値と同等なのか? 鉄道ストライキに関するテレビでの論議。中立であり続けるとは、ストライキの参加者とストライキの不参加者にインタビューすることであり(後者の意見はめったに聞かれない)、ストライキの参加者と(必ず不利益を被る)鉄道利用者にインタビューすることではない。モンパルナス駅にて、バランスをとるために、ストライキを喜ぶ鉄道利用者を必死に探して街頭インタビューすることは、鉄道ストライキが起きた場合にそれを喜ぶ鉄道利用者はいないという事実の歪曲である。

(三)ジャーナリストは、もし意見に違法なところがあれば、法律に言及するか、あるいは言及してもらう。この点に関しては、「女たらし」(本人自身がそう述べた)のガブリエル・マツネフ(「小児性愛者である有名作家」(「すごく若い娘はどちらかと言うとより優しい」「美しい本」)とカナダ(のジャーナリスト〕ドゥニーズ・ボンバルディエ（「マッネフ氏は、十四、十五歳の少女たちと肛門性交をしていると私たちに語っている」「権力の濫用」「文学は言い訳にはならない」）が言い争った番組『アポストロフ』（一九九〇年放送の回）をもう一度観るとよい。

（四）ジャーナリストは、相手が意見を言うなかで、不正確な事実を見逃さない。ジャーナリストは意見に対して中立であっても、同時に、事実に対して客観的でいることが可能である。たとえば、トランプ元大統領は二〇〇一年九月十一日以降の米国によるイラク介入に常に反対だったと主張し、いくつかの記録がその逆を証明しているが、彼はそれをなお否定する。中立でいることは不可能だ。彼は嘘をついている。これは事実である。

（五）ジャーナリストは、誰それの意見（たとえば、二〇二三年においてジャン＝リュック・メランションはフランスが「民主主義の危機」にあると主張する）が反対の意見によって釣り合いがとられないまま、その意見の後ろに隠れない。

中立のジャーナリストの逆は、あるイデオロギーに偏ったジャーナリスト、ある立場にコミットするジャーナリスト、党派的ジャーナリスト、アクティビスト的ジャーナリストである。一部のジャーナリスト（論説委員やコメンテーター）は、意図して自分の意見を言ったり、その代価として報酬を得たりしている。私は彼らをオピニオニストと呼んでいる。不偏不党は中立と同義語である。事実に対して客観的であることと混同してはならない。

『ニューヨーク・タイムズ』紙

かの有名なタイムズスクエアの名前はニューヨーク・タイムズに由来する。しかし、この日刊紙はその後、そこから数区画だけ離れた八番街に場所を移した。新たなニューヨーク・タイムズ・ビルディングは五十二階建ての高層ビルで、ポンピドゥー・センターも手掛けたイタリアの建築家レンゾ・ピアノによって設計された。この新聞社が占めているのは数階だけである。十六階にある編集室へと至る廊下には、編集部が一九一八年以降に獲得した多くのピューリッツァー賞を不朽にする額縁が飾られている。二〇一八年以降、巨大なオープンスペースの編集室で自分専用のデスクを持っているジャーナリストはほんの一握りである。

『ニューヨーク・タイムズ』紙の総売上高は二〇二二年に約二五億ドルに達し、そのうち一五億ドルは購読収入(三分の二はデジタル購読からで、現在の購読者数は約一千万人、二〇二七年には一千五〇〇万人を目標としている。三分の一は紙媒体の購読からで、二〇二二年にはウィークデー版の購読数は三〇万人、日曜日版はウィークデー版の二倍以上)、五億ドルは広告収入である。ニュース以外を多様化したにもかかわらず(The Athletic〔スポーツ情報〕、Wirecutter〔電化製品や生活雑貨の情報〕、Cooking、Games)、グループの二〇二二年の収入のうち三分の一は依然として紙媒体から得ていた。利益は一億七五〇〇万ドル、したがって利益率はおよそ七%である。

しかし、この「ジャーナリズムのロールスロイス」は、二〇〇八年から二〇〇九年に危うく消滅するところだった。『ニューヨーク・タイムズ』紙は世界の最富裕層の一人、通信産業界のメキシコの大富豪カルロス・スリムによって救済された。彼は約四億ドルを投入し、そのうち二億五千万ドルは一四％の利子付きである！　今日において議決権の七〇％はオックス＝サルツバーガー家に属しており、二〇一八年にアーサー・グレッグ・サルツバーガーが本紙の新たな発行人となった。彼の祖先のアドルフ・オックスが一八九六年に本紙を買収し、新聞社の入り口には彼の胸像が置かれている。本紙は、可能な限り最良の「ストーリーテリング」（ジャーナリズム）をするための人材を有していると主張する（二千人がこのグループの編集部で働いている）。二〇一六年からは、ご贔屓いただいている読者でニューヨーカーであるドナルド・トランプ大統領からツイッター上で受けた激しい批判（「フェイクメディア」）を〔逆手に〕利用して、デジタル購読面で多大な利益を得た。だが、本紙は二〇一七年に発行した「二〇二〇」と題するレポートで、競合メディアと比べて何の役にも立たない情報を報道して貴重な時間を無駄にすべきではないと注意を喚起している。要するにこのレポートは、価値の高い特ダネ情報を提供しなければ、読者はいつか『ニューヨーク・タイムズ』紙を購入しなくなるだろうと断言しているのだ。

客観性

客観的であることとは、事実を重んじることを意味する。雨が降れば、ジャーナリストは雨が降っていると言う。ジャーナリストは事実を確認する。雨は本当に降っている。ジャーナリストは客観的でいなければならないのか？　客観的でいることができるのか？　私はどちらにも「はい」と答える。もし厳格なジャーナリスト、すなわち事実のみを伝えるジャーナリストになりたいのなら、あるいはその仕事で報酬を得ているなら、客観的でいなければならない。事実のみを伝えれば、客観的でいることができる。『ル・モンド』紙の創刊者で一九四四年から一九六八年まで編集長を務めたユベール・ブーヴ＝メリーは、「客観性」よりも「知的誠実さ」や「公正な主観性」という表現を好んでいた。ジャン＝フランソワ・ルヴェル（一九七七年から一九八一年まで『レクスプレス』誌の社長を務めた）のほうは、誠実という意味での「オネトテ（honnêteté）」という言葉だけを発していた。そう、ジャーナリストは自分が客観的である・知的に誠実であるとき、あるいはそうでないときを知っている。意識をしていれば。しかし、無意識であれば？と私は反論されるだろう。私の答えとして、私たちは何よりもまずジャーナリストすなわち事実の守護者である、もしくは、何よりもまず特定のイデオロギーの信奉者、ある立場にコミットするアクティビスト、ある大義、すなわち意見の擁護者のどちらかだ。ジャーナリストのボブ・ウッドワードが言うように、「誰もがジャーナリストとなった。誰もが自分の真実の解釈を持ってはいるが、事実は存在している」（www.masterclass.com）。だが、偏見を持っていないのは誰か？　それは、唯一の前提が偏見を持たないことであるジャーナリストだ。テーマの扱いにおいてジャーナリストが客観的である（すなわち、厳密に事実のみを伝える）ことができると仮定して、それでも、テーマの選択、アングル（視点）の選択、情報源の選択、専門家の選択、インタビューイー（インタビューを受ける人）の選択において、客観的でいられるのか？　可能だ！　テーマとアングルは読者の関心に応えなければならない。情報源は少なくとも二人いなければならない。専門家は公平中立な人でなければならず、少なくとも三人必要だ。

最後に小話を。フランス大学出版局（Ｐｕｆ）の私の編集者であるジュリアン・ブロカールは、誰であっても、最高のジャーナリスト（私の視線の先を見れば分かる！）でさえも、客観的でいることはできないと考えている。なぜなら、人が見ているものは必ずしも事実のみの現実ではないから。「人々には太陽が回っているように見えているが、実際には、回っているのは地球なのだ」と彼は言う。ここで私は彼に、米国のジャーナリズム学校による回答を示そう。「Get your facts right!（あなたの事実が正しいと明らかになるまで頑張りなさい！）」

監視局、報道委員会

情報に関する職業倫理監視局（ＯＤＩ）は二〇一五年にフランスで、なかでもフランスの出版報道の歴史家パトリック・エヴノによって創設された。この機関によって、二〇一九年にはジャーナリスティックな職業倫理・調停委員会（ＣＤＪＭ）（www.cdjm.org）が創設された。「ジャーナリスティックな行為」における職業倫理違反を目にした場合、読者・視聴者はこの委員会に訴えることができる。ジャーナリストに対しても、読者・視聴者に対しても、ＣＤＪＭには何よりもまず教育的な役割がある。独立したこの委員会は、ジャーナリストとニュース関連企業（発行人）と読者・視聴者の代表で構成されている。三者から成るこの機関は、法廷ではないが、見解を示す。そうして、政治権力と司法権力から独立している必要があるこの職業、読者・視聴者から信頼を得る必要があるこの職業を規制するのに役立ちたいと望んでいる。

報道委員会は一九一六年にスウェーデン（www.medieombudsmannen.se）で創設されて以降、ドイツ（www.presserat.de）、英国（www.ipso.co.uk）、ケベック（www.conseildepresse.qc.ca）、スイス（www.presserat.ch）など、複数の国で存在している。困難はもちろん、倫理について合意することである。私の考えでは、短くシンプルで誰もが同意する十の原則があれば十分だ。

（一）メディアのトップ（発行人、ビジネスの責任者）は、編集のトップ（編集長、コンテンツの責任者）であってはならない。編集部だけがニュースを作る。

（二）ジャーナリズムと宣伝は、きちんと区別されなければならない。ジャーナリストのみがニュースを作る（たとえ宣伝のなかに有益な情報が含まれているとしても。たとえ一部のニュースがブランドから資金提供を受けているとしても。たとえブランドがニュース……レターを送っているとしても）。

（三）ジャーナリズムの面では、事実と意見はきちんと区別され、明示されなければならない。事実がニュースである。意見は事実に基づいて作られるとしても、事実ではない。

（四）事実が確認され、再度確認されなければならない。事実確認や裏付けがなされていない事実は、間違い、事実の歪曲、あるいは嘘かもしれない。事実でもニュースでもなく、フェイクニュースかもしれない。フェイクニュースはジャーナリストによって見抜かれ、暴露されなければならない。

（五）条件法を使用したとしても、事実確認は免れない。「そうかもしれないし、違うかもしれない」というのはジャーナリズムではなくクイズである。ニュースの正確性は常に速報性に勝る。

（六）プライバシーは守られなければならない。但し、公益のためにやむを得ない場合を除いて。ゴシップ狙いなどとんでもない。この世の有名人あるいは一般人のプライバシーに関するニュースは、ジャーナリストが取り上げるべき情報の公共領域に属さない。

(七) 無罪推定は守られなければならない。ある人が自白したとしても、判決が下される前に有罪だと言うことはフェイクニュースを生むおそれがある。

(八) ジャーナリストは、事実の一部を省きたくなったり、意見や宣伝のほうに流れたくなったりしないよう、あらゆる利益相反を避けなければならない。

(九) インタビュー、引用、画像、ビデオは修正を加えたり、でっち上げたりしてはならない。そうした場合、伝達されるニュースは最悪の場合には間違ったものであり、最善の場合でも事実が歪められたものだ。

(十) ジャーナリストは引用であると示さずに同業者のコンテンツをコピペ(剽窃)してはならない。誤った情報を写すおそれがある。

オフレコ

「あれはオフレコだった」とリオネル・ジョスパンは驚いて言った。コアビタシオン(保革共存政権)下で首相を務めた彼は、二〇〇二年にレユニオン島からの帰国便内でシラク大統領のことを「疲れており、老け込み、消耗している」とジャーナリストたちに明言したのだ。オフレコは off the record の短縮である(文字通りには「記録されない」あるいは「マイクオフ」)。

フランツ＝オリヴィエ・ジズベールは、彼が実践していると言う「本当のオフレコ、すなわち米国式のオフレコ」とは何かを私に説明してくれた。

オフレコであるものは、しばらくの間（たとえば数年間）はオフレコのままでなければなりません。フランソワ・ミッテランやジャック・シラクのような人物は、目の前で私が手帳にメモしているのを止めませんでした。したがって、彼はこのオフレコがいつか、事の成りゆきによって表に出ることを知っていました。時には手振りで、これはメモしてはならないと私に理解させることもありました。このオフレコ中のオフレコ、すなわち完全なるオフレコは、米国人が「ディープ・アンダーグラウンド」（あるいは「ディープ・バックグラウンド」）と呼ぶもので、絶対に口外してはなりません。フランソワ・ミッテランは、オフレコの話を「これは後のためのもの」、すなわち自分の死後のためと言いながら、私にいくつか打ち明けていました。死後にオフレコを公表することは裏切りではありません。とにかく、私たちジャーナリストは真実を言うために存在しています。注意してください！　私は、私の情報源を守るために、彼らについては決して明らかにしません。明らかにすれば、彼らはもう私に情報を提供しなくなるでしょう。ポンピドゥー政権のある大臣は、一九七二年のすべての閣議について私に語ってくれました。そのことでポンピドゥーは激怒していましたが、これがきっかけで私はこの仕事に身を投じたのです。私が二十三歳の頃でした。この人物がなぜそうしたのかは分かりません。彼は亡くなりましたが、ウォーターゲート事件でのディープ・スロートのように、私は彼の名前を絶対に出しません。ボブ・ウッドワードとカール・バーンスタインは、駐車場で情報を提供してくれたこの人物の身元を絶対に明かしませんでした。それからある日、この情報提供者は亡くなる前に、それは自分だったと公表したのです。

ディープ・スロートは、一九七二年から一九七三年まで連邦捜査局（FBI）の副長官を務めていたマーク・フェルトだった。ニクソンは一九七四年に大統領を辞任した。マーク・フェルトは二〇〇五年に、『ヴァニティ・フェア』誌に自分の役割について打ち明けた。九十一歳、亡くなる三年前だった。同じ日、『ワシントン・ポスト』紙のかの有名な二人組が、情報提供者はフェルトだったと認めた。要するに、オフレコとは名を秘することであり、したがって、ジャーナリズムのために情報源を守ることである。

切り取りフレーズ

ジャーナリストの最も重要な資質について尋ねられたボブ・ウッドワード記者は、「ガッチャジャーナリズムから距離を置くことだ」と答えた。ガッチャ（gotcha）は英語で、got you の縮約である。そして彼はこう付け加えた。「インタビューの目的は（インタビュイーを）騙すことではなく、理解することである」。彼によれば、ジャーナリストと情報源との関係は信頼が重要で、不信があってはならない。このことは、ロウバスト（力強い）ジャーナリズムの実践、つまり、あらゆる質問を投げかけることを少しも妨げない。「できる限り攻撃的であれ。質問を決して止めるな」（www.masterclass.com）。逆に、ガッチャジャーナリズムの目的は、情報や説明を得ることではなく、必要とあらば切り取った発言やほかの文脈で発せられた言葉を使うことによって罠にかけることである。フランスでは、こうしたやり方を「切り取りフレーズのジャーナリズム（journalisme des petites phrases）」と呼ばれている。

政治家の誰もが、「私の言葉が文脈から取り出されていませんか？」のように身を守ったことがある。アルベール・ロンドル記者が言っていたように、「私たちの仕事は人を喜ばせることでも、損害を与えることでもなく、傷口にペンを差し入れることである」。

衝撃写真

ショッキングな写真を見せるべきか？　もちろんそうだ。なぜなら、ジャーナリストの使命は現実を見せることであり、この現実にはショッキングなことが多いからだ。現実を見せない、あるいはバラ色に塗ることとは、現実をぼかしたり、歪めたり、面白みを失わせたり、隠したりすることである。簡潔に言えば、「見せるためにショックを与えるのはよいが、ショックを与えるために見せるのはだめ」で、これが私のモットーである。ロジェ・テロンの時代（二十世紀末）の『パリ・マッチ』誌の標語である「言葉の重さ、写真の衝撃」はより知られている。当然、ショッキングな写真は苦痛を与える。読者を驚かせ、犠牲者の近親者の心を打ちのめす。こうした写真はテロの被害者を恐怖に陥れ——テロの目的はまさに恐怖の種をまくことだ——テロ攻撃の殉教者を英雄にするおそれがある。

例をいくつか挙げよう。以下の写真——絶滅収容所の骸骨の山、第二次大戦中のフランスの国土解放の際に髪を剃られた女性たち、米国南部でクー・クラックス・クラン（ＫＫＫ団）によってリンチされた黒人たち、ザプルーダー・フィルムのなかでオズワルドによる三発目の銃撃ではじけ飛んだケネディの頭の右部分、ナパーム弾によって焼けたベトナム人の女の子、アジャクシオ〔コルシカ島の中心都市〕で背中を撃たれたクロード・エリニャック知事、二〇〇一年九月十一日に攻撃されて燃え上がったニューヨークのツインタワーから飛び降りる男女たち、二〇一五年にトルコの浜辺に打ち上げられたシリア難民のアイラン・クルディちゃん、二〇一五年にシャルリー・エブドの血まみれの部屋から逃げたクアシ兄弟に銃撃され、地面に倒れて手を上げている警察官アーメッド・メラベ、イランでの公開絞首刑、回避できる自動車事故——は、見せなければならなかったのか？　そうだ。見せるために、目の前の現実を見るために、言葉や抽象的な表現（絶滅収容所、国家の代表者、移民危機、無差別テロ、死刑など）を具体化するために、ショックを与えなければならなかった。そして、不健全あるいは下劣なシーンを見たい気持ちや、プライバシーの無意味な侵害を通じて、ショックを与えるためにショックを与えてはならない。

フランス2の二十時のテレビニュースの元編集長アニエス・ヴァラミアンが言うように、「いつから映像が情報になるのか、いつから映像がもはや情報でなくなるのかを問わなければならない」（二〇一五年のFIGRA映画祭での講演会）。

死に際にあるミッテランやジョニー、パリで事故に遭ったメルセデスに乗ったダイアナ妃を見せることには私は反対だ。避けられない航空機事故でずたずたになった身体を見せることには反対だ。ダーイシュ（イスラム国）の斬首執行者たちのプロパガンダ映像を見せることには反対だ。

しかし、歴史に残る一部の写真（地下防空壕にあったヒトラーの死体、スターリンと毛沢東の命令によって殺された数百万人の人々、アルジェリア戦争あるいはリビアの移民危機の間に行われた拷問や拷問部屋、米国の特別攻撃部隊によって殺害されたビン・ラディンの死体など）はもっと見せるべきではないか？

フォトショッパー

画像編集ソフトであるフォトショップを使って写真を加工・修正することは禁じられている――このルールはジャーナリストにとって当たり前のことだ。

下手に写真に手を入れて大失敗したいくつかのケースは、ジャーナリストたちの間で今でも有名である。

米国でカヤックに乗ったニコラ・サルコジとルイ〔息子〕が写っているロイター通信社の写真。ニコラパパの腰回りの贅肉が『パリ・マッチ』誌によって、そして『パリ・マッチ』誌のために取り除かれた。『パリ・マッチ』誌でもう一枚、パスカル・ロスタンによる写真。二〇〇八年のエリゼ宮でローマ教皇ベネディクト十六世とカーラ・ブルーニとサルコジ大統領が写っているこの写真に、ボディガードの左脚だけが編集で取り除かれずに残っていたのだ。またしても『パリ・マッチ』誌で、二〇一八年の写真。表紙を飾ったブリジット・マクロンの脚は二本あるが、足首から下は一本のみで、ヒールも片足しか写っていない。

『ル・フィガロ』紙の一面に掲載されたラシダ・ダティ法務大臣の独占インタビューでは、彼女がつけている指輪が写真から消えた。

二〇〇八年、イランで発射されたミサイル四発のうちの一発。その写真では、ほかの三発と同じように四発目も飛び立っていた。この発射は失敗したのに。

二〇一五年、北朝鮮の金正恩が海上ミサイルの発射を船から指差しているところの写真。当時、北朝鮮はこの技術をまだものにしていなかった。

二〇一八年五月十日、『パリ・マッチ』誌はマルセル・ハルトマンによるイザベル・アジャーニの写真を掲載した。六十二歳の彼女は三十二歳か、せいぜい四十二歳に見える。ロレアル社のアンバサダーのための美しいメーキャップと……美しいフォトショップだ！　そして、そこに付いているキャプションはいかにも『パリ・マッチ』誌らしい。「この新たな自然美は『殺意の夏』（一九八三年）のそれを思い起こさせる」

広告トラップ

広告トラップは編集路線からの逸脱だ。業界用語で呼ばれているところの「広告（pubeux）」コンテンツは、読者・視聴者に情報を与えるためではなく、広告スペースを売るために選ばれたものだ。もしあなたの好きな新聞が「腕時計のニュース」という増刊号を出したなら、それは編集長のひらめきか、もしくは広告部のアイデアだと推測しよう。『ル・モンド』紙が二〇一八年四月二十六日に『ワインのル・モンド』という増刊号を出したとき、情報を与えるためだけにこの企画が決まったとは思われなかった（八ページ内に三つの広告スペースが設けられ、そのうち一つは小さく第一面に、一つは最後のページ一面に)。雑誌は、その上質の紙のおかげもあって、世界の不幸な出来事を取り上げなければならない日刊紙よりもブランドを引きつける。この理由から、多くの日刊紙が自紙の雑誌(『ル・フィガロ』紙は『フィガロ・マガジン』と『マダム・フィガロ』、『フィナンシャル・タイムズ』紙は『ハウ・トゥ・スペンド・イット』、『ル・モンド』紙は『M』、〔フランス全体の〕地方日刊紙は『ヴェルスィヨン・フェミナ』)を創刊した。インターネットに関しては、広告トラップは何よりもターゲティングトラップである。読者が誘い込まれたら、そのサイトはブランドに高い料金で売った広告スペースの広告を彼らに表示する。こうして『バズフィード』は、ある日その編集長が私に告白したところでは、ほかよりも面白さに欠け、より市民的な〔プロのジャーナリストでない一般人が参加する〕ジャーナリズム(調査報道、ルポルタージュなど)を読ませることを期待して、料理のレシピやクイズ、一覧表(トップテン)を用いながら読者の関心を引いていた。『バズフィード』は二〇二三年にニュース部門を閉鎖した。

出来高制《ピージュ》、出来高払《ピジスト》いの記者

ピジストは、労働時間に応じてではなく、「ピージュ」と呼ばれる仕事(〇〇字の記事、〇〇秒のビデオなど)をして報酬が支払われるジャーナリストである。フランスでは、ピジストはサラリーマンと同じ特権、なかでも有給休暇(最低二十七日)と最低一カ月分のボーナスを得る。これらはジャーナリスト全国労働協約で規定されている。具体的には、有給休暇と一カ月分のボーナスのお金は(給与明細書上では)特別手当の形で毎月支払われる。労働時間の契約ではないため、週三十五時間労働制に関する法や、労働時間削減（RTT）を伴うフレックスタイム制はピジストには当てはまらない。駆け出しのジャーナリストにとってのピージュのメリットは、具体的な成果物で自分の価値を示せることと、複数のメディアで働く自由があることだ。しかし「正規のピジスト」は、一定期間が過ぎ、一定本数の出来高制の仕事をした後は任期なし雇用契約（CDI）にあるとみなされている。このことは、特に彼らの解雇条件に関係する。

アングロサクソンの国々では、ピジストはフリーランス・ジャーナリストやストリンガー（非常勤地方通信員）と呼ばれている。米国では、ピジストは一ワード当たり二十から五十セント、時にはもっと高い報酬額で、ワード数に応じて支払われることが多い。連続テレビドラマ『セックス・アンド・ザ・シティ』では、主人公のキャリー・ブラッドショーはピジストである。

ベルナール・ピヴォ

私の知っている数多くのジャーナリストのなかで、ベルナール・ピヴォは模範である。それには四つの理由がある。

（一）彼の倫理性。彼の表現によれば、「ランチをもってしても」ベルナール・ピヴォは買収できない。書籍の刊行イベントへの招待には決して応じないというのが彼の主義である。彼は、テレビ（『アポストロフ』、それから『ブイヨン・ド・クルチュール』というテレビ番組）や、『ル・ジュルナル・デュ・ディマンシュ（JDD）』紙で書籍を紹介する際、友人や出版社からの圧力にまったく負けなかったことで知られている。ちょっとした序文を書いて報酬を受け取ったり、ちょっとした宣伝に出演したりすることもずっと断ってきた（例外として、彼が編集部を指揮していた『リール』誌は売り込んでいた）。彼は、あるテレビ放送局のディレクターにならないかという誘いを断り、公共サービスからほど遠い放送局からの実入りのいい契約にも用心深く、その提案に乗らなかった。レジオン・ドヌール勲章を何度も断り、もう提案しないよう勲位局に書面で頼みさえした。「ベルナール・ピヴォに影響を与えることはできない」と編集者のクロード・デュランは言っていた。

（二）彼の精神的自立。一つだけ例を挙げよう。ベルナール・ピヴォは、ベルギーの中国研究家のシモン・レイの仕事を大いに評価していた。一九八三年、『アポストロフ』のなかでピヴォとゲストで招かれたシモン・レイは、フランスやイタリアの多くの左派知識人の毛沢東崇拝を徹底的に批判した。シモン・レイは、「愚かな者が愚かなことを言うのは無理もない。問題は、一部の読者がそれを真に受けてしまうことだ」と言った。文化大革命がもたらした荒廃は、一九七一年からすでに彼の著作のなかで非難されていた。シモン・レイが二〇一四年に亡くなると、ベルナール・ピヴォはあらためて彼を褒めたたえた。

（三）彼の公共感覚。ベルナール・ピヴォは常に視聴者の立場に自分の身を置いていた。アレクサンドル・ソルジェニーツィンやクロード・レヴィ＝ストロース、ウラジーミル・ジャンケレヴィッチにインタビューした際は、分かりやすく、とりわけ誰にとっても明快な回答を得るために、誰にとってもありふれた質問をしていた。彼は『アポストロフ』で自分が目立とうとしたり、作家をこき下ろしたりしなかった。未来の読者の代表として気取らずに、そして謙虚に振る舞っていたのだ。先生というより生徒の立場で。それにベルナール・ピヴォは、『アポストロフ』のおかげで、『アポストロフ』という「大学に行った」のだと語っていた。

（四）彼の精神的好奇心（前述の理由と深く関係している資質）。ベルナール・ピヴォはまず初めに食べること（特に、彼のママが作るグラタン）とサッカー（彼のパパのように、特にASサンテティエンヌ）が好きになり、次に言葉（第二次世界大戦中は『プチ・ラルース辞典』から取り出し、その後、彼の有名なディクテ（書き取り）で言葉を守った）、その次は新聞（パリでジャーナリズムに取り組む学生になる前から）、その次は本（ゴンクール賞の審査委員長に選出されるまでに至った）、その次はツイッター（二〇一九年にはフォロワー数が百万人に達した）、さらにはワイン（プロン社から刊行された『愛好家辞典（*Dictionnaire amoureux*）』でワインを称賛している）にも関心を持った。

これら四つの資質が、地方の食料品店の息子でサッカーに夢中になった平均的な生徒を「読書王」に、一九八八年（最も有名なフランス人の人気に関するJDD紙による初めての世論調査の年）には環境保護論者の指揮官ジャック＝イヴ・クストーの次に有名なフランス人に、そして、申し分のない評判を得たジャーナリストに押し上げた。要するに、ベルナール・ピヴォとカネ・名声・権力との関係は常に健全だった。その秘密？　食料品店の謙虚さ・気取らなさ・良識と、サッカー選手の闘志あふれる粘り強さを、文化と文学的ジャーナリズムのために発揮したことだ。

おっと！　私は、私が模範として挙げたこのジャーナリストが、批評家、したがって私から見れば

「オピニオニスト」――なぜなら、彼は新刊本について自分の意見を述べるから――であることは分かっている。言ってみれば、一人の批評家が一般人の、ここでは読者の立場に自分の身を置きながら、潜入ジャーナリズムを実践しているのだ。

剽窃

剽窃（plagiat）は倫理的概念であって、法的概念ではない。剽窃はジャーナリズムのすべての職業倫理憲章によって禁じられている。実際には、同業者あるいはメディアの情報や文章をそのまま引用するジャーナリストは、契約を結んでいる通信社からの情報は除いて、出典を明示しなければならない。ほとんどのジャーナリストがこの義務を遵守していないため、情報は繰り返され、また繰り返され、さらにまた繰り返される。すごいスピードで世界中に広がっていく（その情報が不正確あるいは間違いだったら残念だ）。

フランスの法律には「剽窃」という言葉は存在しない。この言葉に相当するものは「偽作（contrefaçon）」、すなわち「法によって定められ、規定されているような著作権を侵害し、いかなる方法であれ、精神的産物を複製・再現・広めることのすべて」である（知的財産法L・三三五の三条）。法律上では、文章が著作となるには独創的でなければならない。書かれた（あるいは発言された）内容においてではなく、形式・文体においてだ。つまりこの「偽作」という概念は、厳格なジャーナリズム（一〇〇％の事実と〇％の文体）には当てはまらないと言ってよい。私は、執筆したランペドゥーサ島でのルポルタージュのうち一本が「申し分のない評判を得ている」ジャーナリスト〔当の編集者による〕によって剽窃されたため、そのことを知るのに都合のいい立場にいる。このジャーナリストは有罪判決を受けていないので、名前を出すことはできない。したがって、偽作に関する有名なケースは文学的で、文体が独特で、時に……ジャーナリスト（パトリック・ポワーヴル・ダルヴォール、ジョゼフ・マセ＝スカロンなど）によって執筆された著作でより多く見られる！

米国では二〇一一年三月に、『ワシントン・ポスト』紙の有名ジャーナリストであるサリ・ホーウィッツが、トゥーソン〔アリゾナ州南部の都市〕の銃撃事件を報道する際に剽窃を行ったと告白した。彼女が述べた理由は次の通りだ。「私は目前に迫った締め切りのプレッシャーから、私のキャリアを通じて一度もしたことがなかったことをしてしまいました。ほかの新聞（『アリゾナ・リパブリック』紙）の記事を、まるで私の仕事であるかのように利用しました。よくないことです。弁解の余地がありません。これはジャーナリズムの大罪の一つです」

二〇一四年にはCNNが、特に中東を取材していたジャーナリストのマリー＝ルイーズ・グムチャンを、五十本以上の記事で剽窃を行ったことを理由に解雇した。CNNは次のように謝罪した。「信用、廉潔さ、そしてただ単に出典を明示するということは、私たちにとって重要なジャーナリズムの基本原則です。これらの必須の基準を反映していなかった記事を出してしまったことを残念に思います」

論争

論争（polémique）は一種の討論（débat）ではあるが、討論よりずっと攻撃的でより激しい。私に言わせれば、一部のジャーナリストはある情報にその価値以上の地位を与えるために、この「論争」という言葉をすぐに使いすぎる。この言葉をラジオやテレビ、動画で次に耳にしたら、このことについて考えてほしい。二〇二三年初頭のジャーナリスティックな十の「論争」（として紹介されていた）はあなたに評価をお任せする。

十三時のニュースでのインタビューのときに腕時計を外したマクロン大統領。『プレイボーイ』誌（季刊誌）でフェミニズムについてインタビューを受けたマルレーヌ・シアパ大臣。子どもたちからの質問に応え、『ピフ・ガジェット』誌（季刊誌）に掲載されたマクロン大統領のインタビュー。謁見の際に自分の「舌を吸って」と少年に求めたダライ・ラマ。ピレネーの若者たちと一緒に『山小屋（Le Refuge）』を歌うマクロン大統領。FCバルセロナ対アトレティコ・マドリードのサッカーの試合の際に「ホイッスルが吹かれなかったペナルティー」。ネットフリックスのドキュメンタリーシリーズ『アフリカン・クイーンズ：クレオパトラ』で黒人俳優のアデル・ジェームズが演じた女王。環境保護派ジャーナリストのユーゴ・クレマンと国民連合（RN）党首のジョルダン・バルデラとの『ヴァルール・アクチュエル』誌上での討論。マクロン大統領の訪問時に「音を出すポータブル装置」の使用を禁じたエロー県の県条例。ドイツが最後の三基の原子炉を停止。

肝心なのは、「討議」や「討論」や「議論の応酬」ではなく「論争」という言葉を使うことを編集長がどのタイミングで決めるか、である。なぜなら「論争」を選ぶことで、もしこの選択がセンセーショナルではない普通の言い争いをわざと「センセーショナルにする」ものでしかなければ、……論争になるおそれがあるからだ。

ボジティブ（ジャーナリズム）

なぜメディアでは悪いニュースがこんなに多いのか？

常套句として言われるように、ジャーナリストの役割は「時間通りに到着しない電車について話す」ことである。世界中で同じ日に走っている数百万本のほかの電車のように、時間通りに電車が到着するのは通常のことだ。もし電車が十時間も遅れて到着すれば非常事態である。米国のジャーナリズム学校ではお馴染みのもう一つの常套句は、「犬が銀行員に噛みついたならニュースにならない。その逆ならばニュースになる」だ。たしかにジャーナリストの役割は、たとえば嘘（ウォーターゲート事件でのニクソン大統領の嘘だったり、ベトナム戦争に関する「ペンタゴン・ペーパーズ」事件での米国の歴代政権の嘘だったり）や危険（原子爆弾）やスキャンダル（フォルクスワーゲン社によるディーゼル車の試験不正）や脅迫（ハラスメント）や敵（テロリズム）を暴くことである。ネガティブなことばかりだ。

心配なことが二つある。（一）読者・視聴者は（不可解な）事件や（驚くべき）大災害に関心がある。だが、こうした破局論に嫌気がさし、ラジオについて言えば、フランス・アンフォ〔ニュース中心のラジオ局〕からリール・エ・シャンソン〔音楽中心のラジオ局〕に移ってしまう可能性がある。（二）もう一つの真実を伝えること、もう一つの現実を報道することをジャーナリストが忘れてしまうおそれがある。

日々、特に一九四五年以降、世界はよくなっている（戦争が減り、死者が減り、病人が減り、貧困者が減り、とりわけ女性と子どもにとっての自由と権利が拡大した）。日々、人々は素晴らしいこともしている。たとえば、愛する、助ける、治療する、救出する、発見する、発明する、抵抗する、改善する、勝利する、など。要するに、ポジティブなことだ。

たしかにポジティブなことは、見つけるのが容易な〔ネガティブな〕出来事よりも把握するのが難しい。ネガティブなニュースとポジティブなニュースのバランスをとるのはメディアの任務である。この任務をメディアに思い起こさせたり、手助けしたりするために、一部のジャーナリストは「ポジティブ」ジャーナリズムや「コンストラクティブ（建設的）」ジャーナリズムを専業としている。これに最も積極的な人物は、コンストラクティブ・インスティチュートの創設者で、『コンストラクティブ・ニュース（*Constructive News*）』の著者であるデンマークのジャーナリスト、ウルリク・ハーゲルップである。

無罪推定（と犯罪調査における守秘義務）

出版と報道の自由、したがって情報を伝える自由は、逮捕や警察留置、自白（真の自白あるいは強制自白）、一時勾留、予審開始決定について公表することを義務づけるが、それと同時に無罪推定にも言及している。告発の理由に、被疑者側の見解も加えなければならない。

しかし、「火のないところに煙は立たぬ」を信じるすべての人にとっては、すでに被害はもたらされている。軽罪や重罪の嫌疑がかけられている、あるいは告訴されていることは、たとえ「重大な証拠あるいは整合的な証拠」があるとしても、有罪を意味するものではない。「最近は、二十四時間連続ニュース上で裁きが下されるという逸脱行為が生じています」とエリック・デュポン＝モレッティは言う。この弁護士（二〇二〇年に大臣就任）の意見によれば、「法律を制定し、マスコミによる裁きを禁じなければなりません」。「情報を伝える」のはジャーナリストの役目だが、スタジオにいる元司法官、元警察官、精神医学者、すなわち「多くの場合、自分が知らないテーマについてあらゆる角度から話す人々」は「裁判の前のマスコミ裁判」を行って「無罪推定を踏みにじって」はならない。「訴訟にかかる時間はメディアで取り上げられる時間と同じではありません。司法を尊重しなければなりません」（ユーロップ1：二〇一八年三月九日、フランス5：三月十三日）。そして彼はこう付け加える。「裁判官や陪審員たちは、メディアで話されていることについて無関心ではありません」（BFMTV、二〇一八年二月二日）。私も同意見だ。ジャーナリストは無罪推定を訴え、事実を言うだけに留めなければならない。あらゆる種類のオピニオニストもまた無罪推定を尊重しなければならない。「というのも、スタジオではコメントにおいて、とてもとても行き過ぎる人たちがいるからです」と彼は付け加える（フランス5）。カユザック事件では、エドウィ・プレネル（『メディアパルト』の編集長）がフランソワ・オランドに対し、『メディアパルト』の記事が出てすぐにカユザック大臣を更迭しなかったことを非難さえした！　もう一つは政治に関する逸脱だ。たとえば、ある大臣に対する予審が始まったら、無罪とみなされているのに、多くの場合その大臣は辞任する。私の考えでは、その大臣を「訴訟休暇」にするだけにして、無罪の判決が下ったら仕事を再開させるべきだ。これには裁判の迅速化が必要になる。

犯罪調査における守秘義務（刑事訴訟法の第十一条）については、訴訟手続きに関わる人々――司法官、書記官、警察官、憲兵と司法専門家、弁護士とその依頼人（調査対象者や被害者）――によって守られなければならない。刑事訴訟法では特に、当事者の弁護士は最初の出頭あるいは最初の尋問の後には自費で、当該案件の証拠や書類のすべてあるいは一部の写しを交付してもらえることが規定されている。弁護士は、こうして入手した複写物を自分の依頼人に送ることができる。依頼人は、刑事訴訟法の規定をよく読んだことを書面で事前に保証しなければならない。その規定によれば、予審手続きの証拠や書類の写しを渡された当事者は、それを第三者に流した場合、三七五〇ユーロの罰金が課される。このことは、調書が弁護士からでもその依頼人からでも報道機関に渡された場合、犯罪調査における守秘義務の明らかな侵害となることを意味する。共和国検事は、自身の発意あるいは当事者からの要求により、進行中の事案について公表することができる（こうした公表はますます行われており、一部の計画的な秘密漏洩に対して先手を打ったり、真実に反する主張を訂正したりすることができる）。したがって、調査を守ることが主たる目的である犯罪調査における守秘義務は、ジャーナリストにとっては義務ではない。それはそれとして、予審中に警察官や裁判官、弁護士から情報を受け取って掲載したジャーナリストは、犯罪調査における守秘義務の侵害を隠匿したとして刑事訴追されるおそれがある。

ベルギーでは、刑事訴訟法の第五十七条で犯罪調査は秘密と明記されているが、三つの例外がある。そのうち一つは報道に関係しており、それは「無罪推定、容疑者・被害者・第三者を保護する権利、プライバシー、人々の尊厳、職業の規則を尊重」しながら、公益が求められるときである。

フランスでは、司法の専門家、なかでも弁護士だけでなく司法官もが、たとえば『ル・モンド』や

『メディアパルト』に尋問の調書を垂れ込むことで犯罪調査における守秘義務を侵害すれば、驚くべきことだ（それと同時に、メディアは調査ジャーナリズムよりも密告ジャーナリズムのほうに励むようになる）。こうしたことがもし続けば、犯罪調査における守秘義務はもはや（米国を含む大半の国々でのように）なくなるだろう。そして、無罪推定を守る必要がよりいっそう出てくるだろう。

これに関連するテーマとして、私が「反ユダヤ主義推定」と呼ぶものに触れよう。犠牲者がユダヤ教徒だからといって、事件の原因が毎回決まって反ユダヤ主義ということにはならない。パーキンソン病を患った八十代のミレイユ・クノルが二〇一八年三月二十三日に殺害されたとき、多くの団体やメディアはこれを即座に反ユダヤ主義とみなした。二〇一八年三月二十七日には「犠牲者がある宗教に所属していたため、あるいはそうみなされたため」の故意の殺人および「悪質な強盗」のために、容疑者のヤシン・ミウブとアレックス・カランバキュスに対する調査が開始された。マクロン大統領さえ、二〇一八年三月二十八日に〔仏南部トレブのスーパーマーケットで起こった人質立て籠もり事件で死亡した〕ベルトラム中佐に弔意を表す機会に軽率な発言（「彼女〔ミレイユ・クノル〕はユダヤ人だったために殺害された」）をした。彼はミレイユ・クノルの葬儀に私人として参列した。しかし、ほかの多くのケースと同様に、このケースにおいても訴訟の前には反ユダヤ主義は証明されていなかったか、あるいはまだ証明されていなかった。「ありうる」は「確からしい」ではなく、「確からしい」は「立証された」ではない。したがって「反ユダヤ主義推定」はしてはならない。

予想

ニュースは二つのカテゴリーに分類できる。予想できるニュースと、予想できないニュースだ。選挙、スポーツの試合および決勝戦、映画の公開や書籍の刊行、企業の決算発表、展示会のスタート、コンサートツアー、宇宙ミッション、記念日、新たな規則の発効、公式訪問や特別な調査旅行の日程など、多くのニュースはスケジュールが決まっている。ほかにも、フランスの七月十四日の軍事パレードやあれこれの行事のように、毎年繰り返されるものがある。

各編集部は先を見越して予定を立てている。その目的は、次の二つの問いについて先回りし、対応することである。(一) 何の記事を作るか? (二) 誰が何をするか? 予測の必要性は、非常に有名かつ高齢になった重要人物の追悼記事を「冷蔵庫」(この分野の専門用語)に保存するまで工夫を凝らすよう駆り立てている。こうした予想はたしかに不吉だが、役に立つ。

ピューリッツァー

米国のこの「際立って優れたジャーナリズム」賞の現在の十四部門のなかで最も名高い部門(一万五千ドルの賞金ではなく金メダルが授与される)では、一人もしくはそれ以上のジャーナリストにではなく、一つのメディアに賞が付与される。この「公益賞」が最初に授与されたのは一九一八年であり、クレマンソーを含む欧州の指導者らによる戦争の指揮について報道した『ニューヨーク・タイムズ』紙が受賞した。この日刊紙は一九七二年にも、ベトナム戦争時の米国政府の臆面のない態度を明らかにしたペンタゴン・ペーパーズ（メリル・ストリープとトム・ハンクス主演、スティーヴン・スピルバーグ監督による二〇一七年の映画『ペンタゴン・ペーパーズ／最高機密文書』で語られている）を公開したことでこの賞を受賞した。『ワシントン・ポスト』紙は一九七三年に、共和党員のニクソン大統領の子分たちによってウォーターゲートビル内の民主党本部に侵入された事件に関する調査（ロバート・レッドフォードとダスティン・ホフマン主演の一九七六年の映画『大統領の陰謀』で語られている）によって、この賞を当然のことながら受賞した。『ボストン・グローブ』紙も二〇〇三年に、カトリック教会によって覆い隠されていた、複数人の司祭による性的虐待の秘密（二〇一五年の映画『スポットライト　世紀のスクープ』で語られている）を解き明かしたことでこの賞を受賞した。

ほかに最もよく知られた部門として、その年の「ニュース速報写真」あるいは「特集写真」に賞が贈られる。私が思う最も優れた作品は、ジョン・ゴーントによる『海辺の悲劇』（一九五五年）である。

話をジョーゼフ・ピューリッツァーに戻そう。コロンビア・ジャーナリズムスクール（一九一二年）とピューリッツァー賞（一九一七年）が創設されたのは、彼のおかげだ。ユダヤ系ハンガリー人として生まれたジョーゼフは十七歳のときに、米国に移住するためにこの国の騎兵隊に入隊する。二十一歳で、セントルイスでドイツ語で発行されていた『ヴェストリヒエ・ポスト』紙のジャーナリストとなる。二十五歳でほとんど破産していたこの新聞を、それから『セントルイス・ポストディスパッチ』紙を買収した。三十六歳では、経営難に陥っていた『ニューヨーク・ワールド』紙を買収して本紙の編集長となり、この国で最も読まれる新聞にした（『ニューヨーク・ワールド』紙を最もセンセーショナルな新聞だと言い、ピューリッツァー賞が彼の名を冠している矛盾を強調する人もいるだろう）。フランスから贈られた自由の女神像の台座を建設して像を迎えるために、米国の国民から寄付を募ったのも彼である。この大変な働き者は四十三歳で失明し、この新聞の編集部に永遠の別れを告げる。そして物音に過敏になり、特に自分のヨット内の防音ボックスのなかで孤独な人生を終える。ジョーゼフは一九一一年に亡くなった。その二年前には、なかでもセオドア・ルーズベルト大統領と銀行家のJ・P・モルガンによって起こされた名誉毀損の訴訟で、彼は勝訴した。『ニューヨーク・ワールド』紙は彼らをフランスのパナマ運河会社のスキャンダル事件での収賄で告発していた。

テレビ・ラジオ以外の米国のメディア（二〇〇六年以降はオンラインメディアも含まれる）だけに授与されるピューリッツァー賞は、毎年四月にニューヨークにあるコロンビア大学で発表される（部門ごとに受賞者と二者のファイナリスト）。

実話／小説、ドキュメンタリー／フィクション

これらの区別は単純だ。実話（récit）は事実なのでジャーナリズムである。小説（roman）は創作物なのでジャーナリズムではない。（ジャーナリストによる）ドキュメンタリー映画とフィクション映画の対比も同じである。問題は「小説では書きたいことを書くことができる」（ベルナール・ピヴォ）――現実と想像、真実と虚構が混ざり合うことを意味する――ことから生じる。司法は別の見方をしている。たとえば、二〇一七年五月にパリ控訴院は、「この作品が〝小説〟と題されているだけでは、訴えを起こされている箇所がフィクションだと主張している性質を妥当とみなすのに十分ではない」と判断し

た。『ライカーズ島のバラード（*La Ballade de Rikers Island*）』の著者レジス・ジョフレと彼の本を出版したスイユ社の弁護士たちは、「真実に背く」自由や「話を作り上げる」自由を含む「文学創作」の自由を主張したが、だめだった。控訴院は次のように付け加えた。「著者が、これしかありえないとは言っていなくとも、最もありえるとして描いているレイプ説について、間違いないと読者に思わせるものだ」。したがってドミニク・ストロス＝カーン（ニューヨークのソフィテルホテルの客室係だったナフィサトゥ・ディアロとは違い、彼の名前はこの小説では明示されていない）は、彼らに対する名誉毀損の訴えで有罪判決を勝ち取った。

私は、メイド・イン・ハリウッドのオリヴァー・ストーン監督によるフィクション映画『ＪＦＫ』をもう一度鑑賞し、この作品をジャーナリストの目で現実と比較してみた。その結果、社会問題を提起するジャンルのこの映画には二十四のフェイクニュースがあった(1)。

（1）F. Dufour, *L'Assassinat de JFK*, Paris, KatouMalou, p.104. に記載のリストを参照のこと。

訂正文、反論掲載権

毎日およそ五十ページを発行する日刊紙で、訂正すべき箇所が一つもないというのは稀である。編集実務責任者（ＳＲ）による確認作業が行われているとしてもだ。私が言及しているのは誤植（「コキーユ（coquilles）」と呼ばれている）ではなく、根本的な間違いについてである。特に、ある情報に関して誰かがもし正当な異議を唱えたら、訂正をしなければならない。不便な点は、訂正文は翌日にしか出せないことと、多くの場合ページの隅に小さく掲載されるため、読者の目を引かないことである。利点は、デジタル版ではすぐに訂正することができ、そうすることでアーカイブ記事すべてが修正され、同じミスが永遠と繰り返されるのを避けられることだ。テレビやラジオでは、訂正が行われる頻度はおそらくもっと少ないだろう。というのも、ニュースのテクストが新聞よりずっと短いからだ。それはともかく、CBS放送局の先駆者ダン・ラザーはミスを犯すリスクの大きさを告白した。「私たちはミスを犯します。私はミスを犯します。ジャーナリストとして五十年以上の経験がある私は、少なくともほかの人より多くの話を提供する機会があり、おそらくテレビでより多くのミスを犯しました」。留意すべき点として、私は〔慎重を期しての〕条件法〔三四ページ「「慎重を期しての」条件法」〕を用いて報じられたニュースが打ち消されたあとに訂正が行われたのをめったに見たことがない！

訂正文と反論掲載権を混同してはならない。「発行人は、新聞あるいはその他の日刊媒体で名指しあるいは指し示されたすべての者からの反論を、それを受けてから三日以内に掲載しなければならない。さもなくば三七五〇ユーロの罰金に加え、ほかの刑や、当該記事が生じさせうる損害賠償が課される」（一八八一年七月二十九日の出版と報道の自由に関する法の第十三条）。〔反論掲載権が生じるためには〕もちろん、ジャーナリストが事実の側面でその人物を問題にしていなければならない。反論掲載権は、ジャーナリストが述べた意見においては適用されない、また、この第十三条の意味では記事とみなされない新聞の風刺漫画においても適用されない。二〇〇四年の法律以降、反論掲載権はインターネット上の出版物にも適用されている。

テレビやラジオにおいては、反論掲載権は、非難された人物の名誉や評判が傷つけられた場合にのみ適用されうる。

編集長

編集長は何よりもまず、メディアが発行するコンテンツの最終責任者である。フランスでは、編集長はよく「ディレクトゥール・ド・ラ・レダクスィヨン（directeur de la rédaction）」と呼ばれる。あの伝説的なユベール・ブーヴ＝メリーは、一九四四年から一九六九年まで『ル・モンド』紙全体に目を通し、発行前に赤鉛筆で校正していた。この作業はコンテンツの責任者として当然のように思われるが、こうした完璧主義の仕事、ミスをなくすための最後の砦の仕事はますます稀有になっている。しかし、特にインターネット上で情報がとめどなく流れる昨今において、この仕事はますます重要になっている。どれだけの数の編集長が自社のメディアのコンテンツすべてを、発行後であっても読み返していると自負できるだろうか？　発行後に再読することにどんなメリットがあるか？　繰り返してはならないミスを見つけ、それを編集チームに知らせることができる。そして、インターネット上で簡単かつ即座にミスが訂正され、アーカイブに残り続けるのを阻止できる。

編集長のもう一つの大きな使命は「見張り人」でいることだ。文字通り、毎秒の速さで流れる大量の情報からこれだという情報を見つけ、選び出すのは編集長の務めである。インターネットの無限の世界のなかで、時間が有限である読者にできる限り最良の情報の「一切れ」を提供するのは編集長だ。様々なニュース（今話題のニュースと年中読まれるニュース、重いニュースと軽いニュース、近隣のニュースと遠方のニュース、驚きのニュースと予想されていたニュース、ありのままのニュースと文脈に当てはめられたニュース、視覚に訴えるニュースと文字だけのニュースなど）をうまく混ぜることで良質な「新聞」が作られる。ツイッター、フェイスブック、ワッツアップ、ティックトックの時代では、各人が「自分の」フォロワーや「自分の」フレンドから知った目先のニュース、そして「自分の」関心を中心に置く「自分の」小さな世界の編集長である。要するに、対象から距離を置くこと、世界を三六〇度見渡すこと、そして、読者の立場に身を置いた最初の読者であるジェネラリスト——すなわち編集長——の総合的精神がこれほど必要とされることはない。

ルポルタージュ

二〇一一年のある日、石巻港にて。日本語を話すフィクサー（ガイド兼通訳）を連れて、東京でレンタルした車を運転していると、町の中心の通りの真ん中でピンク色の巨大な漁船にばったり遭遇した。次の通りの角では、自衛隊の二つの大きなテントから湯気が立ち昇っている。

「あれは何ですか？」

「お風呂だよ！」

多数の命を奪った津波（死者一万八千人）から数日が経ち、救助隊員と住民は生存者の捜索を終えたが、行方不明の自分の家族をまだ探している。牡鹿半島にある、海のすぐそばに建てられた小学校を訪れる。水のせいで大時計が止まっている。その時計は今もなお十四時四十六分を指している。校長が語る。彼女は水が引いているのを見て、とっさの機転で生徒全員をすぐに高い場所に、樹木の生い茂った山に歩いて連れて行った。寒いなか外で一晩を過ごした。彼らの誰もがそのことを覚えている。学校の教室、食堂、プールは波で運ばれてきた砂や木の幹で満ちている。いくつかの物が以前の生活を証明している。運動靴、鍵盤ハーモニカ、子どもサイズの黄色のヘルメット、野球ボール、プール用の黄色のコースロープも……。周辺の畑の光景は現実とは思えない。大きな廃棄物がすべて選別され、整然と並べられている。こっちには丸太の山、そっちには大量の冷蔵庫、あっちには積み上がった車。山の中腹にある墓地の墓石の上や、小さな建物の屋根の上といった居心地が悪い場所に数台の車がまだ残されている。多くの犠牲者が、運転席から逃げようとしているときに流された。多くの家々が破壊されている。この家は一階がなくなり、今も怯えているこの老夫婦が避難した二階だけが残っている。あっちの家は文字通り上下逆さまになっている。日本人にとって、これらすべての傷跡が消えるには何年、何十年かかるだろうか……。彼らは海辺と、海岸から一〜二キロメートル以内の地区も再建するだろうか？もしそうするなら、壁の後ろは高く、頑丈にするだろうか？それでも港は港のままではないか？もし今また津波が起こったら？私は死ぬかもしれない……。その後、津波によって荒廃した道で、一人の地元住民が小さな食堂を営んでいる友人について話してくれた。その食堂はそこからそう遠くない、港湾を見渡せる場所にあり、鯨を食べている（日本では公式には科学調査目的だけに捕鯨が行われている）。私たちは駐車し、頭を低くして店に入り、床に足を組んで座った。私は箸を持ち、生の身を、それからひと切れの脂身を、わさびの入った醤油に浸して食べた。食事には緑茶がついてきた。飲み込むのに便利だ。壁には、捕鯨船で働く銛打ちの古いモノクロ写真が何枚か貼られている。「これは私です」と八十歳のコヤさんが平然と私に語る。「私はこの食堂を開く前に、南極で二万七千頭の鯨を殺しました……。嬉しくも悲しくもありませんでした。ただ自分の仕事をしていました」

そこから約二百キロメートル南に行ったところで、柵と愛想のよい警察官たちに行手を阻まれたため、人影のないゴーストタウンを迂回し、サッカー選手のトレーニングセンターだったJヴィレッジ（東京の北方に位置する）の食堂に許可申請せずに侵入した。線量計を装着した私たちは、つなぎ服を着た除染作業員たちと一緒にヌードルスープを食べた。彼らの足取りは重く、いかめしい表情で虚空を見つめていた。ひどく損傷を受けた福島原発（原発事故による直接の死者はなし）から二十キロメートルの場所にいた。

これがルポルタージュである。

ルヴュ・ド・プレス

今朝はどんな面白いニュース、驚くべきニュース、楽しいニュース、有益なニュースがあるだろうか？　朝にこうした注目すべきニュースをラジオリスナーやテレビ視聴者に届けるというのは、なんと素晴らしい仕事だろうか！　これらのルヴュ・ド・プレス（各種新聞記事の要約）は、各新聞が編集路線、編集長のビジョンを見せていることを日々証明している。各日刊紙がフランスにおけるよりももっと多くの独自ニュースを作り出している英国ではさらにそうである。ＢＢＣの番組『ブレックファスト』を観れば、あなた自身でそれを察することができる。

フランスに視点を戻して、この感動の裏にある疑問を呈する。ルヴュ・ド・プレスは事実と意見、事実のみを伝える記事の抜粋と事実とは必ずしも言えない文章の抜粋を、ほとんどまったく区別していない。後者では「論説」「寄稿」「見解」「論評」といった呼称が使われている。この状況が、読者・視聴者の頭のなかで、ジャンルの勘違いとジャーナリストの使命の勘違いを助長している。

コラムニストが自説を加えるときも同様である。たとえば二〇一八年五月二十六日、ユーロップ1のルヴュ・ド・プレスでブルーノ・ドネは次のように述べた。「競争に勝つのではなく……偶然の重なりによって誰でもトップに立つことがあることを、マクロンは明らかにわきまえている」。この意見は、フランソワ・フィヨンが大統領選で負けるはずがないかのように、エマニュエル・マクロンは二〇一七年に偶然の重なりで大統領に選ばれたのだとほのめかしている（この意見は一部のメディアでさんざん耳にした）。

噂

ジャーナリズムの用語では「噂」は真偽が確認されていないニュースであるため、誤りであるおそれがある。正しいと確認された事実は「ニュース」と呼ばれる。

なぜジャーナリストは、少し配慮した条件法の裏に隠れて、時にまことしやかに一部の噂を広めるのか？　それは、早く（瞬時に）ニュースを報じるためか、あるいはジャーナリズムとは別の理由で、それが真実であってほしいと自分自身が望む（望み過ぎる）ニュースを報じるためだ。

噂が正しい情報か作り話かを確かめる手段がないジャーナリストは何をするのか？　何もしない。社会学者のエドガール・モランが『オルレアンのうわさ――女性誘拐のうわさとその神話作用』（一九六九年〔邦訳はみすず書房より一九七三年〕）で明示したように、噂について話すことは、噂に確かさを与える。注：この噂は、ロワレ県のこの街にある数カ所の試着室で女性たちが誘拐されているというものだった。[1]そのほかにも、『リベラシオン』紙の編集長だったニコラ・ドゥモランが二〇一三年に見舞われた災難がある。

四月八日、『リベラシオン』紙の第一面。副題は「カユザック事件」、タイトルは「悪夢は続く」。リード文は「あの元大臣〔ジェローム・カユザック〕を揺るがしたスキャンダルに続いて、ローラン・ファビウスは『リベラシオン』紙でスイスに銀行口座を保有していることを否認する。エリゼ宮ではパニックの嵐」。

四月九日、ニコラ・ドゥモランが自身を正当化する。なぜなら、彼によればこの噂は「重大な政治的事実」だからだ。

四月十一日、ニコラ・ドゥモランによる『リベラシオン』紙の読者への「心からの謝罪」。注：ニコラ・ドゥモランは十カ月後に辞任した。

さらにひどい例がある。二〇一五年九月、英国の『デイリー・メール』紙は、自社の政治ジャーナリストのイザベル・オークショットが共著者だった『デイヴと呼んでくれ（*Call Me Dave*）』からの抜粋を掲載した。そこに書かれていたのは、将来首相となるデーヴィッド・キャメロンが学生の頃に、死んだ豚の口のなかに自分の性器を入れたという話だった。いわゆる「ピッグゲート」事件が勃発した。この噂を流したことに関して自身を正当化するために、オークショットは驚くべきことを口にした。「噂に信憑性を与えるか否かは、人々が自分の責任で決めることです」

もう一つの噂を根絶しよう。二〇一五年十二月三十一日の夜にケルンで起こった多数（四七〇件）の性的暴行はすべて、二〇一五年にアンゲラ・メルケルのドイツにやって来たシリア人難民申請者による犯行とのことだった。インタビューのなかで検事は、調査を受けた七三人のうちシリア出身者は三人だけだった（そして六〇人はマグレブ人〔「マグレブ」はアフリカ北西部のチュニジア、アルジェリア、モロッコの総称〕だった）ことを明かした。

（1）「噂は多くの場合、社会の森を隠す木である」と元ジャーナリストのロランス・ラクールは打ち明ける。「私はオルレアンで子どもの頃にはっきりと、根強い反ユダヤ主義を経験しました。狙われた店の大部分はユダヤ人が営んでいました。その後、オルレアンというブルジョワとカトリックが多い街で、一九六〇年代の大人がどれほどショアー（ナチスが行ったユダヤ人の大虐殺）を知らないかに気付きました。彼らはショアーをまったく知らないか、その一部しか知りませんでした……」

スクープ

スクープを出すことは、特ダネ、驚くべきニュース、刺激的な（スキャンダラスな）ニュースをライバルより先に出すことである。最も有名なスクープはウォーターゲート事件だ。『ワシントン・ポスト』

紙が出したこのスクープは、カール・バーンスタイン（二十八歳）とボブ・ウッドワード（二十九歳）という二人の若き記者の働きにより、FBIに所属していたディープ・スロートというニックネームの情報源の力を借りて世に出た。このスクープはニクソン大統領を、ワシントンのウォーターゲートビル内に入っていたライバルの民主党本部に侵入する命令を下した（それから隠蔽した）罪で辞任に追い込んだ。一九七二年十月十日に出た最初の記事のタイトルは「ニクソンの側近が民主党員に妨害行為を働いたことをFBIが発見」である。

フランスで最も有名なスクープは何だろうか？　おそらくは、『ロロール』紙の第一面に掲載された「私は弾劾する……」というエミール・ゾラの寄稿記事だろう。このスクープは本当の意味でのスクープではない。なぜなら、一八九八年にエミール・ゾラ（五十七歳）はたしかにフランスで最も有名な作家ではあったが、ジャーナリストではなかったからだ。彼は特に、裁判の判決は証拠がなく誤りだとして軍を非難した。そして彼は、出版・報道の自由に関する一八八一年の法に基づき、参謀本部に対する名誉毀損の罪で禁固一年の刑に処せられる。しかし、彼の「スクープ」により、一八九四年からカイエンヌ〔仏領ギアナ〕の徒刑場にいたアルフレッド・ドレフュス大尉が宣告された反逆罪に関して再審が行われることになる。当時、『ロロール』紙は三カ月前に創刊されたばかりのパリの文学的な三流新聞だったが、その論説委員は……元代議士のジョルジュ・クレマンソー（五十六歳）だった！

もっと最近のこととして、ある非ジャーナリスト（ジョナタン・ピネ）が二〇一一年五月十四日の二十二時五十九分にツイッター（フランスでは当時ほとんど知られていなかった）で発信したスクープを取り上げよう。条件法が用いられたこのスクープには間違いが二つあった。「#DSKが一時間前にニューヨークのホテルで警察に逮捕されたらしい、と米国にいる友人から今連絡をもらった」。このツイートは『ニューヨーク・ポスト』紙のサイト上に掲載されたニュースよりも一時間三十分早く発信されたのだが、ドミニク・ストロス＝カーンが逮捕された場所はJFK空港であり、二十二時ではなく二十二時四十五分（ニューヨークでは十六時四十五分）だった。

テレビ局のCNews（当時はiTélé）のスクープも取り上げよう。CNewsは二〇一五年一月〔七日〕十一時四十五分に、強大なライバルであるBFMTVよりも八分早く、『シャルリー・エブド』が狙われた襲撃を報じた（「自動火器の発砲音が数発、シャルリー・エブドで聞かれました。iTéléの情報です……。負傷者が一人いるとのこと。これはiTéléの情報です」）。解説すると、iTéléの編集長の一人、ルカ・マンジエが、通信社プルミエール・リーニュ（パリ十一区でシャルリー・エブドと隣り合っていた）で働く彼の友人エドゥアール・ペランから警告を受けた。「彼は私に電話で〝シャルリーが襲撃された〟と言いました。その十分後にはショートメッセージで〝十人が殺された〟と送ってきました」とマンジエは語る。十一時四十六分にはプルミエール・リーニュのブノワ・ブランジエが息を切らし、興奮しながら電話でiTéléに全容を語った。「今から三十数分前に、覆面をつけた黒づくめの男たちがカラシニコフ銃を持って建物に入りました。通りにいた人々が少し叫んだので、私たちは危険を知らされました。すぐに警察に電話しました。数分後、私たちはカラシニコフ銃の銃声を耳にしました。おそらくは建物内です。非常に多く……非常に多くの銃声を。私たちはすぐ隣の屋根に逃げました。それから十分ほど経ち、覆面をつけて銃を手にした二人の男が通りにまた出てくるのが見えました……」

インターネットとソーシャルネットワークにより、今ではスクープは数秒、数分後にはスクープでなくなることを指摘しておこう。多くの場合、情報源や最初に発信したメディアの名が未記載のままシェアされ、世界中に拡散される。英語の「スクープ（scoop）」という言葉のもう一つの一般的な意味は「ひとすくいのアイスクリーム」である。

情報源の秘匿

出版と報道の自由に関する法の第二条は、情報源の秘匿を次のように規定している。「ジャーナリストによる情報源の秘匿は、国民に情報を伝えるという彼らの使命の実践において保護される。（……）情報源の秘匿が直接的あるいは間接的に侵害されうるのは、公益の優位的必要性がそれを正当化する場合と、検討されている措置が最低限必要であり、追求される正当な目的に見合ったものである場合のみである。この侵害は、いかなる場合にもジャーナリストが自分の情報源を明かす義務にはなり得ない。あるジャーナリストの情報源の特定を可能にする情報を持ちうる――そのジャーナリストと普段から付き合いがあるということが理由で――すべての人について調べて情報源を見つけ出そうとすることは、第三項の意味での情報源の秘匿の間接的侵害とみなされる」

「公益?·」 この幅広い概念をある法案が抑え込もうとしたが、この法案は二〇一六年にフランスの憲法院によって却下された。憲法院の構成員は、情報源の保護を拡大する以下のような法文を違憲と判断したのだ。

・プレス・メディア企業の非ジャーナリストの協力者にまで拡大する。
・情報源の秘匿の原則を侵害できるケースを制限する：この原則の侵害は、重罪を防止あるいは処罰するケース、あるいは最低七年の禁固刑が科せられる軽罪のケースでのみ正当化されるとし、したがって、職務上の守秘義務違反の隠匿、私生活の内面に対する侵害、犯罪調査および予審における守秘義務違反の隠匿（どれも禁固五年に値する）による訴追のケースは除外される。

実際には、国民に対して情報源を隠すには正当な理由が必要である。匿名性によって嘘が隠されることはあってはならない。そのことで、ジャン＝ミシェル・アパティは自身のブログで『M』誌を非難した。彼によれば、『ル・モンド』紙のこの雑誌は二〇一三年にあるカリカチュアを描いてもらうために、匿名の数人の情報源に嘘をつかせた。

もし情報源の保護がなかったならば、ウォーターゲート事件（一九七四年に『ワシントン・ポスト』紙によって）、フランスにおける感染血液事件（一九九一年に『レヴェヌマン・デュ・ジュディ』誌によって）[1]、メディアトール薬害事件（二〇一〇年に『ル・フィガロ』紙によって）、カユザック大臣のスイス銀行口座事件（二〇一二年に『メディアパルト』によって）、ランス・アームストロングのドーピング事件（二〇〇五年に『レキップ』紙によって）などのスキャンダルは特に表に出なかったであろう。

（1）「情報源は慎重に扱わなければならない」とロランス・ラクールは指摘する。「感染血液事件において、『レヴェヌマン・デュ・ジュディ』誌の、騒動を引き起こした係争中の証拠資料の情報源はアラン医師である。

彼はガレッタ医師によって国立輸血センター（CNTS）から解雇されていた。そして復讐したいと考えた。それはブーメランのように跳ね返り、今度は自身が嫌疑をかけられ、裁判が下されて数年間の禁固刑に処せられた」

編集実務責任者

編集実務責任者（secrétaire de rédaction）は、（出版系報道機関の）編集部の秘書（secrétaire）というより、むしろ内容と形式の守り神である。内容面では、編集実務責任者はファクトチェッカーであり、内容が正確なものであるかを確認する。したがって、執筆者は編集実務責任者に調査の情報源を示し、記事の背後にある調査メモを渡さなければならない。形式面では、編集実務責任者には次のような使命がある。

- まず、明快・正確でないおそれがある箇所をすべてリライトする。
- 次に、記事の各要素（タイトル、リード文、小見出し）について練る。
- 最後に、レイアウトを、なかでもタイトルと画像のつながりの適合性と画像のキャプションの正確さを確認する。通常、この仕事はオンラインメディアにとっても同様に有益であるが、誤りがあった場合に修正しやすいことからこのポストはなくなりつつある（『ニューヨーク・タイムズ』紙においてさえ）。

（記事への）署名

「すべてのジャーナリストには（……）あらゆる圧力を拒む権利、情報源の開示を拒む権利、また、その形式や内容が知らぬ間に、あるいは自分の意に反して修正された記事、番組、番組の一部分、あるいは協力した仕事に自分の名前が記載されるのを拒む権利がある」（出版と報道の自由に関する法の第二条の二）

この法文を読むと、反対推論により、ジャーナリストには自分の仕事に署名を入れるよう要求する権利が常にあると思わされる。事実はそうでないが、フランスではそれが習慣になっている。

『ジ・エコノミスト』誌については、ほぼどの記事にも署名が入っていない。この雑誌の創刊一七〇周年だった二〇一三年に、編集長が――署名を入れずに――その理由を説明した。共同作業であり、エゴよりも内容が優先、とのことだ。

ジャーナリスト組合

ジャーナリスト組合、あるいは編集者組合は、一つの編集部に属するジャーナリストたちから成る組合である。その目的は、特にメディアの株主に対して、自分たちの独立性と職業倫理を守ることだ。最初のジャーナリスト組合は一九五一年に『ル・モンド』紙において創設された。ほかの同様の組合は、株主が大きく入れ替わった二回の波をきっかけに創設された。第一波は一九六五年（『レ・ゼコー』紙、『ル・フィガロ』紙、『ウエスト・フランス』紙など）で、第二波は二〇〇七年から二〇〇八年にかけて（iTélé、TF1など）だ。

一部のジャーナリスト組合による要求のうちの一つは、編集長を自分たちで任命できること（発行人が持つ権利）と、メディアの編集路線も自分たちで決めること（発行人が持つ権利）である。だが、メディアは企業・法人であり、その社長（したがって発行人）が発行された内容の合法性について刑事責任を持つということを忘れている。たとえば、反論掲載権を認めたり、名誉毀損を避けたりしなければならないのは発行人である（出版と報道の自由に関する法の第二十四条および第二十七条）。

世論調査

世論調査はジャーナリストに頻繁に問題を提起する。なぜなら、世論調査はこの職務の三つの決まり――（一）確認（ここでは世論調査のデータの確認）、（二）情報源の信頼性と無償性、（三）事実と意見の区別――と衝突するおそれがあるからだ。

（一）確認（ここでは世論調査のデータの確認）――この情報（世論調査の結果）を提供するジャーナリストは必ずしも正確さを確認せず、専門家・世論調査員を信用している。世論調査機関がプロであるときには大した問題ではないが、リスクは存在する。ジャーナリストは、提示された質問の意味、調査実施日（世論調査は世論に影響を与えるイベントや番組の前後に行われることがあり、そのことが結果を脆くする）、予想得票率が算出される際にはその計算方式の確認を怠ることがある。

注記：たとえば、補正（アングロサクソン人の間では行われることがより少ない）の問題は非常に重要である。社会人口統計上の補正、あるいは政治上の補正では、サンプルにおいて比較的数の少ない人口カテゴリーの数値が「加重」される。あるいは逆に、ほかの比較的数の多いカテゴリーの数値が「軽減」される。政治上の補正は、どこに投票するかを打ち明けにくい人々の沈黙、忘却、ときには隠蔽を補正することである。たとえば前回の大統領選において、ある政党が一〇％の得票率を獲得したものの、調査を受けた人のうち五％しかこの政党の候補者に投票したことを認めていなければ、この政党への投票は、補正前には五〇％過小評価されているということだ。この補正のノウハウをもってしても間違いを犯さないわけではない。

（二）情報源の信頼性と無償性——世論調査の費用はメディアによって支払われる。そして、世論調査機関（特に成長の道を探っている新しい会社）にまったく支払われない、あるいはほとんど支払われない場合には、これらの機関はその代わりにインタビューを受けたり、世論調査員による分析が紙面に掲載されたりするなど、プロモーション面である種の見返りを受ける。つまり、世論調査機関とそのトップにとって無料の宣伝となる。政治的な世論調査は、調査機関のビジネスにおいて非常に小さな割合しか占めていないことが多いため、なおのこと宣伝が必要になっている。

（三）事実と意見の区別——世論調査は、一つの意見あるいは複数の意見をありのまま写し取ったものである。ある世論調査がきちんと実施され、きちんと補正され、きちんと確認されているとしても、それは決して事実や精密科学ではない。世論調査は意見の集成、意見の平均にとどまり、ジャーナリスティックな意味での真実ではない。

こうした疑問を呈したところで、ジャーナリストやメディアの責任は大きい。

ジャーナリストは、質問を誘導しようと世論調査機関の説得を試みてはならない。

ジャーナリストは、世論調査を予言のように提示してはならない。そうではなく、特定の瞬間を写し取ったもの、以前の世論調査と比較しながら一つ傾向として提示しなければならない。世論調査員たちは、二〇〇二年の仏大統領選でジャン＝マリー・ルペンが第二回投票に進出する傾向が生じているのは分かっていたと強調することで、その結果を「予見」できなかったことを認めなかった。

ジャーナリストは、特に世論調査の結果が僅差である場合には、誤差範囲が存在することを強調しなければならない。サンプルが千人の場合、算出されたパーセンテージが二〇％であれば、誤差範囲は二・五％だとフランス世論研究所（ＩＦＯＰ）が詳しく説明している。したがって、本当のパーセンテージは一七・五％から二二・五％の間である。

ジャーナリストは、グラスの中身がどちらかというと少なく見えるか多く見えるかで、曖昧な形容詞（「弱い」「強い」「少ない」「多い」）やオピニオン風の形容詞を使って調査結果を論評してはならない。二〇一八年に『レクスプレス』誌が公表した世論調査によれば、フランス人の四八％が死刑の復活に賛成であり、五二％が反対であるとのことだ。四八％は弱い数字か、それとも強い数字か？　五二％は少ないか、それとも多いか？

ジャーナリストは、世論調査の出所、なかでもその調査がいつ行われたのかを明記しなければならない。さもなくば、その世論調査の結果をでっち上げたように見え、世論調査委員会に叱られるだろう

(『ヴァルール・アクチュエル』誌や『ロピニョン』紙のように!)。

ジャーナリストと読者へのアドバイス。その世論調査によって誰が得をするのか、誰がその代金を支払っているのかを常に疑おう。もしそれがメディアであれば、そのメディアは特定の主張に肩入れしていないか。

それはともかく、私は世論調査のない世界のために論陣を張っているわけではない。世論調査のない大統領選挙キャンペーンをちょっと想像してみよう。統計的価値のない、真偽が確かめられないほかの世論の現れ(ソーシャルネットワークや噂、日曜の市場やオフィスのカフェテリアなどでのおしゃべり)よりも、その限界が十分に知られた上での世論調査のほうがましである。私は世論調査が予言する世界、的確に予言する世界のために論陣を張っているわけでもない。なぜなら、そのような世界ではもはや誰も投票に行かなくなるからだ!

情報源、目撃者

二〇一八年四月二十日、〔仏政府の大学入学要件厳格化が原因で〕学生らによって占拠されたトルビアック大学の強制排除の目撃者であるレイラが語った。「私たちが最初に**見た**ものは何だったか? それは、柵の前で頭が完全に砕けた男性と、巨大な血の海でした(……)。内出血によって現在昏睡状態に陥っているその人を探しに来た消防車を**見ました**……ですので状況がどうなっているのか分かりません。深い昏睡状態で(……)」(「不服従者たち」のウェブメディアである『ル・メディア』上の動画。太字の箇所は私が強調した)。
問題は、その数日後に彼女は『リベラシオン』紙に嘘をついたと告白し、「私は目撃者ではない」と付け加えたことだ。その間、ウェブメディアの『ルポルテール』と『ル・メディア』を含む複数のメディアがこの情報を何度も報じていた。もう一人の目撃者だというタア・ブアフスは、二〇一七年の国民議会議員選挙で「不服従のフランス」から立候補した人物で、ある動画にレイラと二人で仲良く映っていたのだが、四月二十日の十二時二十四分に次のようにツイートしていた。「共和国保安機動隊が痕跡を残さないために大学内で学生たちの血を拭き取っている。起こっていることがただ信じられない」。精神分析学者で「不服従者たち」を支持するジェラール・ミレールは、『ル・メディア』上で動画コメントを出した。

心理的外傷を与える出来事を経験した人々の証言を集めるというリスクを負う場合には、不正確だったり間違ったりする可能性のある証言を集めるというリスクを負います。ショックを受けているなか、自らが受けた警察の暴力、自らが食らった棍棒の殴打について語ってくれたこれらの学生をどうして恨むことができますか? そして、警察の暴力によって心理的外傷を受けたこれらの学生に発言権を与えた、私たちのメディアを含むいくつかのメディアをどうして恨むことができますか?

簡単に言うと、これはフェイクニュースが拡散することへの呆れるほどの正当化である。ジャーナリズムのこうした例の結論は以下の通りだ。

（一）目撃者は一人では不十分だ（誠実な目撃者でも間違えることがある。たとえば、私が自動車事故に巻き込まれた際、ある目撃者が私が赤信号を無視したと見当違いな主張をした）。

（二）目撃者が二人いても不十分だ（この事故の際、二人目の目撃者は私が「ものすごいスピードで」走っていたと見当違いな主張をした）。

（三）証言することで情報源が得をするかどうかや、情報源が真実を話すのを恐れているかどうかを確認すること（たとえば〔ジョン・F・ケネディ暗殺の〕目撃者ハワード・ブレナンは、オズワルドの犯人識別供述の際にダラス警察に嘘をついた。というのも、陰謀を恐れた彼は、JFK暗殺の実行者を密告したと思われないようにして家族を守りたかったからだ）。

（四）特定の主張に肩入れするメディアや党派的なメディアをコピーしてはならない。

（五）特定の主張に肩入れするメディアや党派的なメディアをコピーしたメディアをコピーしてはならない。

文体

ジャーナリズムは文学ではない。最小限の言葉で最大限の情報を書くのが目標だ。不要な言葉は使わないこと。なぜなら、不要な言葉が有益な情報のスペースを奪ってしまうからだ。テクストを〔囲み記事や画像、インフォグラフィックによって〕充実させるのはよいが、誇張するのはよくない。ジャーナリストだったジョルジュ・クレマンソーは次のように命じていた。「フランス語の文は一つの主語、一つの動詞、一つの直接補語で成っている。間接補語が必要になったら私のところに来るように」。文は短くすること。目標は十二語、最大で十八語だ。但し、ジョセフ・ケッセル風の長編ルポルタージュは例外だ！　フランソワーズ・ジルーは「qui」〔先行詞が主語になる関係代名詞〕や「que」〔先行詞が直接目的語になる関係代名詞〕を使わないよう要求していた。『レクスプレス』誌のこの気難しい校正者によれば、ジャーナリストが文体を持つのは結構だが、「文が単調であっても、読者に情報を与えるならいっそうよい」（『個人レッスン（*Leçons particulières*）』）。誰が言ったかは知らないが、「文体は単純なことを複雑に言う方法と考えられているが、実際は複雑なことを単純に言う方法である」は至言である。

ニュースの追跡調査

ニュースの追跡調査不足は、避けるべき欠点だ。概してネガティブで驚くべきニュースを前面に出し、その後、そのニュースが以前よりネガティブでなくなり、重大でなくなり、その結果、驚くべきものでなくなったら無視するのがジャーナリズムの傾向である。一例として、二〇一一年五月十六日のドミニク・ストロス＝カーン（ＤＳＫ）の逮捕および審理は新聞の第一面を飾り（この時までは世界で最も報道された出来事だった）、勢いよくブレイキング・ニュース〔二四ページ「ブレイキング・ニュース」〕も出されたが、二〇一一年八月二十三日にサイラス・ヴァンス・ジュニア検事が刑事訴追（七つの訴因）を放棄したときには、報道はずっと少なくなっていた。この放棄はＤＳＫに有利に働いた。この国際通貨基金（ＩＭＦ）の元専務理事と彼を告発したソフィテルホテルの客室係との間、また、二〇一一年七月二日の第一面で彼女を売春婦と非難した『ニューヨーク・ポスト』紙（「ＤＳＫの客室係は売春婦」）と彼女との間で和解が成立した二〇一二年十二月十日には、報道はさらに少なくなっていた。この和解はナフィサトウ・ディアロに有利に働いた。ジャーナリストのジョン・ソロモンが『ドミニク・ストロス＝カーンを失脚させたスキャンダル（*The Scandal That Brought Down Dominique Strauss-Kahn*）』というスクープ本を二〇一二年六月五日に刊行したときには報道はほぼゼロだった（その後、この本はメディアがまったく関心を払わないなかで『ＤＳＫスキャンダル、行われるべきだった裁判（*Scandale DSK. Le procès qui aurait dû avoir lieu*）』というタイトルで『レクスプレス』誌によって出版された）。この出版はナフィサトウ・ディアロに有利に働いた。その後、二〇一六年十月九日には、ブルックリンで検事になったアフリカ系米国人で、ディアロの弁護士を務めたケネス・トンプソンが癌のために五十歳で亡くなったのだが、誰がこのニュースに注目しただろうか？　ナフィサトウ・ディアロが書いた『リ・メイド：女性の声と力を取り戻すための闘いの物語』（*Re-Maid: A Story of a Woman's Fight to Reclaim Her Voice and Power*, 2019）――この本はフランス語に翻訳すらされていない――の刊行をどのメディアが追っただろうか？　ニュースの追跡調査は、誰かの無罪推定が打ち砕かれた場合にはいっそう重要である。ハーレム〔マンハッタン島北東部の一地区〕の警察署で一夜と一日を過ごした後、手錠をかけられた状態で、両側から挟まれながら出てきたＤＳＫのパープ・ウォーク〔罪を犯したとみなされた者が、警察によって報道陣のカメラの前を歩かされること〕の写真を思い出そう。英語ではニュースの追跡調査のことを「フォローアップ（follow-up）」と言う。

「フォローアップ」を行う理由を、ウェブサイト「ザ・ニュース・マニュアル」（www.thenewsmanual.net）にならって四点挙げよう。

（一）継続性――水中に投げ込まれた石のように情報が世に出されたら、その渦や波紋を追わなければならない。

（二）好奇心を満足させる――情報を世に出すことで人々の好奇心をかき立てたら、彼らに生じるほかの疑問に答えることで、その好奇心を満足させなければならない。

（三）反論を加える――最初の報道の際に（時間が足りなかったり、一部の情報源に取材できなかったりして）情報に偏りがあったら、情報のバランスをとる二度目のチャンスだ。

（四）乗り遅れたニュースをカバーする――ライバルが世に出した情報について、独自の追跡報道をすることで人々の関心を再び呼び起こす。

メディアの津波

強度一：過熱、強度二：大波、強度三：嵐、強度四：津波。このジャーナリズム予報は、メディアによる産物あるいは創造物の強さレベルを表している。情報の優先順位や世界で起きていることの多様性に比して、ある出来事があまりにも報道されているのだ。「紙の売り上げ」を伸ばした例をいくつか挙げよう。

二〇一一年：ドミニク・ストロス＝カーンの逮捕
二〇一七年：『カナール・アンシェネ』紙による暴露、そして仏大統領選挙キャンペーン中のフィヨン夫妻の予審開始
二〇一七年：『ニューヨーク・タイムズ』紙と『ザ・ニューヨーカー』誌による暴露、そしてハーヴェイ・ワインスタインの転落と#MeToo運動の始まり
二〇一七年：ネイマールのパリ・サンジェルマンFCへの移籍
二〇一七年：ジョニー・アリディの死
二〇一八年：ジョニー・アリディの遺産
二〇一八年：ローラン・ヴォキエによる「クソなこと（bullshit）」（ENMリヨンでの講義の動画）
二〇二三年：ピエール・パルマードの自動車事故

関係者たちがサスペンスを引き延ばすこともあると指摘しておこう。たとえば一方では、メディアが手元に残していたエピソードを少しずつ暴露し、他方では、一部の要人がメディアの火に油を注ぐ（フランソワ・フィヨンのためのブルジのスーツ〔サルコジ派のロベール・ブルジが裏で高額なスーツ代をフィヨンのために支払い、スキャンダルに発展した〕、ジョニーの家族内や周囲の人同士の攻撃と反撃など）。報道機関（一般的にジャーナリスト）は度を越したのか？　報道機関は人々の関心・欲望・感情を増幅させたのか？　それは情報を与えるためなのか？　あるいは、売り上げや視聴率を伸ばすため、したがって、広

告セールスを伸ばすためでもあるのか？

ツイッター

二〇一一年五月十六日、ツイッター〔現X〕はフランスではほとんど知られていなかった。私はある会議のためにニューヨークにいて、裁判所へ急いで行くためにその会議を抜け出した。現地時間十時四十七分（パリでは十六時四十七分）にドミニク・ストロス＝カーン（DSK）がニューヨーク州裁判所の法廷に入る。七人の報道カメラマンと（AFP通信の）テレビカメラマンが入ってきたのは七十分後のことだった。法廷から出ることなくライブで現地報告をする唯一の方法は、自分の**iPad**と**Wi-Fi**を用いて〔一回につき最大〕一四〇文字のツイートを、私の七千人の新たなフォロワーに向けて発信することだった。DSKの運命に関心を抱いた彼らは、二〇〇六年にカリフォルニアで生まれたこのソーシャルネットワークで私をフォローすることにしたところだった。二〇〇八年から二〇一一年までの三年間で、私はたった十一回しかツイートしていなかったが、DSKの審理中は七十回発信した。十時五十分に現地で発信した最初のツイートは次の通りだ。「**#DSK**。DSKが入ってきた。私たちの視線が合う。ほかの三人とともに被告席へ。彼はくたびれ果て、やつれたようだった」。十五時三分に発信した、この歴史的な日の最後のツイートは次の通りだ。「**#DSK**。今から裁判所を出る。皆さん、さようなら。無罪推定を忘れないで」

その間、DSKはライカーズ島刑務所（彼はそこで四夜を過ごした）で仮拘留された。ジャクソン判事が、ジョン・F・ケネディ国際空港から十日にパリに向けて離陸する直前に捕まった、二〇一一年仏大統領選に出馬せずに終わった将来のこの元候補者が、当検事が前例として引き合いに出した〔ロマン・〕ポランスキーのように逃げないかを危惧したのだ。したがって、ツイッターが二〇一一年五月にフランスに到来したのはDSKのおかげだ。この日に法廷から流されたのはショートメッセージだと思い込んだテレビジャーナリストもいた。この忘れがたいライブ中継(私はこれを一冊の本にした)以降のツイートは、主にプレイバック・プレス社での私たちの仕事について語るために発信している。ツイッターは、ジャーナリストやメディアの仕事にとってのショーウインドーだ。発信者が誰であれ、私は興味深いツイートを毎日十本ほどリツイートしている(ツイッター上の規則で定められているように、リツイート=支持ではない)。

ここまでは発信についてだ。受信については、その道の専門家であろうとなかろうと、ツイッターは情報を得るのに有効なツールだと思う。総合紙が読みたい? それとも専門紙が読みたい? 自分の好みに合ったメディア、ジャーナリスト、専門家、有名人をフォローしよう。たとえば……@realDonaldTrump など。トランプは(二〇二一年の連邦議会議事堂への襲撃事件後に)ツイッターから追い出される前には、特に夜明けに発信を行う熱烈なツイッターユーザーだった〔本人のアカウントはその後復活し、二〇二三年八月に投稿が再開された〕。このツールは、彼が「フェイク」だと言うメディアとジャーナリストの大部分——彼によれば、特に『ニューヨーク・タイムズ』紙、『ワシントン・ポスト』紙、CNN——のフィルターを通さずに、(二〇二一年時点で)五千万人のフォロワーに直接メッセージを伝えることを可能にしていた。

私はツイッターを仕事のためのツールとし、フォロー数を五十までに制限している。二十四時間、毎日、バカンス中でもこれらのアカウントをフォローしている。毎日四回、起床時・昼間・夕方・寝る前にフィードを上下にスクロールしている。ツイッターは私にとって最重要の情報源となったのだ。この私の情熱をジャーナリストのジャン=マルク・フールは次のように和らげた。「私にとってはツイッターは情報の範囲を狭める機械だ。内輪の世界だ」

プライバシー

ジャーナリストは、フランス民法典（第九条「誰もが自身のプライバシーを尊重される権利を有する」）と世界人権宣言（第十二条「何人《なんぴと》も自身のプライバシーに不当な介入をされない」）に従わなければならない。ジャーナリストの義務と権利の宣言（第五条）にも「人々のプライバシーを尊重する義務を負う」とある。この法的義務と、出版と報道の自由とをどのように両立させるのか？　米国ジャーナリスト職業倫理憲章（二〇一三年度版）のなかにその答えを探しにいこう――「公的な必要性が勝る場合にのみ、個人のプライバシーへの介入を正当化できる」。二〇一四年一月十日に、ヘルメットを被った大統領（フランソワ・オランド）がスクーターに乗って、エリーゼ宮から百メートル離れたシルク通りまで愛人（ジュリー・ガイエ）に会いに行ったところを『クローザー』誌が掲載したときには、公的な必要性が勝っていただろうか？　いいや、まったく。『クローザー』誌のこのスクープは場違いの好奇心である。大統領の安全が脅かされていることを示す調査でもなければ、公金の無駄づかいを示す調査でもなく、ファーストレディが自身の「仕事」を放棄していることを示す調査でもない。この二〇一四年一月十日、フランスや他国の私たち編集長は、いかなる決定をすべきだったか？

(一)『クローザー』誌によるこの情報を取り上げない。たとえこれが情報だとしても、プライベート過ぎる。

(二)『クローザー』誌の編集長の行為を公然と批判する。

米国のジャーナリストの倫理規範を見てみよう。「ジャーナリストは、自分が所属する組織内を含め、ジャーナリストの非倫理的な行いを公然と批判しなければならない」。もし私たち編集長が公生活と私生活の間に境界を引かなければ、その境界はどこに移動するだろうか？　次にもしパパラッチが、斬新な性交姿勢をしている大統領や、売春婦といる大統領の写真を望遠レンズを使って撮ったとすれば、メディアはその写真も掲載するのだろうか？　それはいけない。境界がなければ、完全な透明性は全体主義的なものになる。モラルの統制だ。際限なくプライバシーを覗くジャーナリズムは、監視カメラや個人データのネット上の拡散よりも危険がずっと大きい。そして、「政治家は自分に都合がよいときには自らのプライバシーを大いに晒す」、「我々の仕事は真実を語ることだ」、「彼は大統領として模範になると言っていた」、「パリの小世界は知っていた」といったように、言い訳はなくなる。公私の境界を越えるための唯一の正当性は、もしそれが証明されるならば、違法性である（性的暴行、脱税：カユザック、公共財産の濫用：ミッテラン）。

注意しよう！　私たち編集長によって境界が築かれなければ、出版と報道の自由は危険に陥るおそれがある。なぜなら、インターネット上では誰もが、誰に関してでも、何でも（間違ったことやプライベートなことなど）書くことができるからだ。誰もが自分のスマートフォンを用いて、どこで（公共の場でも私的な場でも）撮られた写真や動画でも、誰の（公人でも私人でも）写真や動画でも送ることができる。表現の自由万歳！　テクノロジー万歳！　しかし、ジャーナリズムは別物だ。

エリック・ゼムール

第五共和政と同じ年に生まれたエリック・ゼムールは、政治ジャーナリスト（『コティディヤン・ド・パリ』紙、『ル・フィガロ』紙）から論説委員になり（iTéléの『討論しよう（Ça se dispute）』、フランス2の『私たちは眠っていない（On n'est pas couché）』、RTLの『ゼムールのZ（Z comme Zemmour）』、パリ・プルミエールの『ゼムールとノロ（Zemmour et Naulleau）』、CNewsの『ニュースに立ち向かう（Face à l'Info）』）、そして政治家になった。

二〇二二年の大統領選挙キャンペーンは、彼のサプライズ立候補を中心に展開した。二〇二一年十月の予想得票率は一八％だったため、決戦投票でエマニュエル・マクロンと闘う可能性があった。彼はマリーヌ・ルペンの姪のマリオン・マレシャルを味方につけたものの、得票率七％で四位に終わった。マリーヌ・ルペンは、三位のジャン＝リュック・メランションより一％多い二三％を得票し、決戦投票へ進んだ。エリック・ゼムールは、決戦投票ではルペンに投票するよう呼びかけ、彼女は四一％を得票した。

ゼムールはその著書『私は最後の言葉を言っていない』（*Je n'ai pas dit mon dernier mot*, 2023）のなかで、彼にとって「おそらく最も高くついた失敗」を告白している。それは、二〇二二年二月二十四日にウラジーミル・プーチン軍によって自国を侵攻された「ウクライナ難民の迎え入れを拒んだ」ことだという。この「失敗」が「私の敵、すなわちメディアと対立候補者たちに、非道な私のイメージを作ることを可能にした」。

エリック・ゼムールはこの著書のなかで、彼の「対立候補者たちよりもはるかに手強い相手」である「メディア」を批判している。特に挙げられているのは、

・自分を「打倒すべき敵」とみなしている、「強欲」でとりわけ「政争」を繰り広げている『パリ・マッチ』誌と大衆誌

・「極右の論争家」と呼ばれていること（彼は「右派」[1]を自認している）

・「『メディアパルト』というモラルの権威」

・「BFMで放送されている映像を繰り返し見ている」「羊のように盲従する」ジャーナリストたちを「取り巻く順応的態度」

・「洗脳と世論形成をし続ける……グラーグ〔ソ連の強制収容所〕なき全体主義の軍事力」となった「メディアシステム」

エリック・ゼムールは、論説委員と選挙立候補者の違いについて、「政治的態度を明確にするジャーナリスト」は「分析」を行う一方、政治家は「策」を提案すると説明している（スュッド・ラディオ、二〇二三年四月二十四日）。もう一つの違いは、立候補者の言葉は「メディアマシーン」によって「歪められる」ことである。

（1）マリーヌ・ルペンもまた極右ではなく右派を自認している。ジャン＝リュック・メランション、フランソワ・リュファン（不服従のフランス）、ファビアン・ルーセル（フランス共産党）は極左ではなく左派を自認している。注記：三人ともかつてジャーナリストだった。

＊

付録　最後の言葉

ジャーナリストは情報の外科医である。手術を受ける前に慎重に選んでください。あなたにとってミスをしない外科医のほうがよい。以下は、私がメディア教育の授業をするときに取り上げる一〇の心覚えだ。

（一）事実は意見ではない。意見は事実ではない。

（二）市民よ、既成の意見ではなく、事実から自分の意見を作りなさい。
（三）客観的なジャーナリストは、事実を確認することで事実を尊重する。
（四）中立的なジャーナリストは、意見を突き合わせることで意見を尊重する。
（五）事実を扱うジャーナリスト（司会者、記者など）は、意見を扱うジャーナリスト（論説委員、コメンテーターなど）ではない。
（六）情報は宣伝ではない。宣伝は情報ではない。もしあなたが宣伝することで報酬を受けているなら、あなたはジャーナリストではない。
（七）ロビイストとアクティビスト（たとえ最も擁護できる大義を擁護していても）はジャーナリストではない。
（八）専門家は（しばしば複雑な）事実を扱うが、事実にこだわるジャーナリストではない。
（九）ジャーナリストは事実を守るため、フェイクニュース（意図的な嘘、プロパガンダ）を糾弾する。
（十）**市民よ、誰があなたに情報を与えているかを自問せよ！**

謝辞

本書の全部、または一部を入念に読んでくれたペテル・アラン、カミーラ・アントニーニ、ガエタン・ビュリュス、マレナ・デュフール、（故）レジス・デュフール、オリヴィエ・デュアメル、フレデリック・フィルー、ジャン＝マルク・フール、ピエール・ジャコメッティ、ミカエル・ゴールデン、マルク・エドリッシュ、ロランス・ラクール、ルカ・マンジェ、フィリップ・メイエール、ヴァンサン・キヴィ、ジェローム・サルテ、ジョン・タリアブエ、ドミティーユ・ヴィオに感謝を申し上げる。最終版の全責任は私にある！

本書の感想は以下のメールアドレスまで：**f.dufour@playbac.fr**

本書のなかで挙げた拙著三冊は

『バカロレアに失敗しない方法（*Comment ne pas rater son bac*）』（パリ、リブリオ社、二〇〇七年）

『ＤＳＫ、二〇一一年五月十六日。ニューヨーク州裁判所の舞台裏（***DSK, 16 mai 2011. Dans les*** *coulisses du tribunal de New York*）』（パリ、カトゥマル社、二〇一二年）

『ＪＦＫの暗殺（***L'Assassinat de JFK***）』（パリ、カトゥマル社、二〇一三年）

訳者あとがき

本書は、二〇二三年八月に刊行された *Les 100 mots du journalisme*（par François Dufour, Que sais-je ?）の第二版（初版は二〇一八年九月に刊行）の翻訳である。タイトルの通りジャーナリズムに関する本であるが、端的に言えば、ジャーナリストという職業がどうあるべきかについて、ジャーナリストである著者自身の経験も織り交ぜながら論じられている。原書の表紙には『ニューヨーク・タイムズ』紙の建物の写真が使われており、原書を初めて見たときには「あれ？　フランスのジャーナリストなのに『ル・モンド』（あるいはフランスのほかの新聞社）の写真じゃないんだ？」と思ったものだった（『ル・モンド』紙と『カナール・アンシェネ』紙」は本書で選ばれた一〇〇語のなかに入っている）。

その理由は、この本の著者であるフランソワ・デュフール氏の経歴や業績を知り、本文を読み進めていくうちに腑に落ちた。序文に詳しく書かれている通り、デュフール氏は一九八二年にパリ政治学院を卒業した後、発明家、起業家、編集者を経て一九九五年にジャーナリストになったという異色の経歴の持ち主だが、主な著作にジョン・F・ケネディの暗殺に関するもの（『JFKの暗殺（*L'assassinat de JFK*）』、二〇一三年）があったり、この一〇〇語にも「ジョン・F・ケネディの暗殺」に加えて「米国」「『ニューヨーク・タイムズ』紙」「ピューリッツァー」といった米国に関わるキーワードも入っていたりするように、フランスのみならず、米国のジャーナリズムにも精通しているようだ。したがって私たち読者は、本書を通じてジャーナリズムの分野で名高いフランスと米国という二つの国の状況について知り、考えることができる。

さらに著者に関して興味を引かれたのは、デュフール氏がこれまでローマ、ニューヨーク、ロンドン、パリ、東京、ベルリンなどで様々なメディアの編集会議を実際に見てきたという点だ（「コンフ（編集会議）」参照）。こうした経験もまた、氏のジャーナリズムに関する視野を広げたに違いない。

「文庫クセジュ」シリーズで私がこれまで翻訳を担当した三冊――『100語でわかるBOBO《ブルジョワ・ボヘミアン》』（二〇二〇年）、『北欧神話100の伝説』（二〇二二年）、『ウクライナの地政学』（二〇二三年）――とは違い、本書は自分から白水社編集部の小川弓枝氏に提案したものである。私はジャーナリストでもなければ、ジャーナリズムの専門家でもないのだが、フランスの月刊評論紙『ル・モンド・ディプロマティーク（*Le Monde diplomatique*）』の日本語版の代表を二〇一七年七月から二〇二四年五月まで務め、パリに本部がある本紙の翻訳を通じて、あるいは本紙のジャーナリストたちとの交流を通じて、フランスのジャーナリズムの一端に直に触れてきた（詳しくは白水社の月刊誌『ふらんす』二〇二四年三月号の特集「ル・モンド・ディプロマティークを読むこと、訳すこと」参照）。また、東京外国語大学（TUFS）オープンアカデミーや個人で開催している時事フランス語講座で、フランス語講師として『ル・モンド・ディプロマティーク』や『ル・モンド』の記事の読解に取り組んできた。こうして、数多あるメディアのほんの一部ではあるが、日本とフランスのメディアあるいはジャーナリズムの違いを肌身で感じてきたのだが、その違いについて考えを深めたり、言語化したりすることはほとんどなかった。フランスのジャーナリズムの要点がまとまった本を読みたいと思っていたちょうどそのときに目に入ったのが、この *Les 100 mots du journalisme* だった。

私は Que sais-je ? のウェブサイト上で「〜の一〇〇語（Les 100 mots de...）」というタイトルの本の概要を見る際、いつもすぐに一〇〇語のラインナップを確認する。本書も『100語でわかるＢＯＢＯ《ブルジョワ・ボヘミアン》』のときと同様、そのラインナップを見て読みたい気持ちが湧き出てきた。そして一通り内容に目を通してみて、ジャーナリズムやメディアについて日本ではまったく、あるいはほとんど指摘されない論点が多く提示されている本だと確認し、日本語に翻訳する意義があると確信したのである。たとえば特に、ジャーナリストの職業倫理（「職業倫理憲章」「監視局、報道委員会」「プライバシー」参照）、尊重すべき義務（「無罪推定」参照）、司法とジャーナリズムの役割の違い（「調査」参照）などはあらためて深く考えるべきテーマではなかろうか。

もちろん、この本は日本の社会やメディア状況を観察して書かれたものではまったくない。がしかし、ジャーナリズムやメディアに関して日本が抱えている様々な問題にも当てはまる指摘が少なくない。というのも、従来のテレビや新聞よりもネットニュースやソーシャルネットワーク（ＳＮＳ）から真偽が不確かな情報を信じる人々が増加し、デジタル化した無限の情報空間でフェイクニュースが飛び交い、フランス語で「アンフォベズィテ（infobésité：info（情報）と obésité（肥満）の合成語）」と言われる情報過多に陥っている状況は、今や世界共通だからだ。こうした状況はジャーナリズムにとって危機であり、早急に対処すべき喫緊の課題であろう。

デュフール氏の主な主張を先に知りたければ、一七二ページの「付録　最後の言葉」を最初に読むことをお勧めする。ここに氏の基本的な「一〇の心覚え」が書かれている。重要な主張を一つだけ挙げれば、事実と意見は明確に区別すべきで、事実を伝える「ジャーナリスト」と論説委員やコメンテーターのような「オピニオニスト（opinioniste：opinion（意見）と -iste（〜に従事する人）の合成語）」を呼び分けるべきとのことだ。この主張は本書のあちこちで強調されている。

一〇〇語シリーズの一つの利点は、どの項目からでも読み進められるという点だ。したがって読者は自身の関心に応じて、目次で気になった項目から読んでみるのもよいだろう。本書の最後に掲載している見出し語一覧（原語も記載）のように、原書ではこの一〇〇語がアルファベット順に並んでおり、この訳書でもその順番に従っている。日本人にとっての本書の難点は、フランスで起きた事件や出来事ばかりが例として引き合いに出されていることだ。それゆえ、日本人のほとんどが知らない事件名や人名が数多く言及されている。亀甲括弧〔　〕を使用して適宜訳注を加えたが、深く理解するには十分とは言えない箇所もあるだろう。事件などについてさらに詳しく知りたくなったら、関連書やインターネットでお調べいただきたい。別の機会に、このテーマについてさらに知識を深められる訳書を出せることを願っている。

最後に、原文の読解において貴重な助言をいただいた大阪大学大学院人文学研究科講師コランタン・バルカ氏と、編集と校正の作業を入念に行っていただいた小川弓枝氏に深く感謝を申し上げたい。

二〇二四年十二月

村松恭平

著者略歴
フランソワ・デュフール（François Dufour）
『ル・プティ・コティディヤン』と『モン・コティディヤン』（プレイバック・プレス社）の共同創刊者であり編集長。ニューヨーク州裁判所でのドミニク・ストロス=カーン（DSK）公判のツイートや、ランペドゥーサ島のルポ（2015 年に Immigration Journalism 賞受賞）で知られている。著書に『ＪＦＫの暗殺（*L'assassinat de JFK*）』（2013）などがある。

訳者略歴
村松恭平（むらまつ　きょうへい）
1984 年生まれ。翻訳者。フランス語講師。上智大学外国語学部フランス語学科卒。東京外国語大学大学院博士後期課程単位取得満期退学。ル・モンド・ディプロマティーク日本語版の会前代表理事。
訳書に『ウクライナの地政学』（2023 年）、『北欧神話 100 の伝説』（2022 年）、『100 語でわかる BOBO（ブルジョワ・ボヘミアン）』（2020 年、以上白水社文庫クセジュ）、共訳に『わたしたちを救う経済学――破綻したからこそ見える世界の真実』（ele-king books、2019 年）。

見出し語一覧

ニュース　Actualité
グレゴリー事件　Affaire Grégory
通信社　Agences de presse
報道機関への経済的援助　Aides à la presse
分析　Analyse
アングル　Angle
アナウンス？　それとも情報？　Annonce ou info ?
スポンサー　Annonceur
ジョン・F・ケネディの暗殺　Assassinat de JFK
プレス担当　Attaché de presse
捏造　Bidonnage
理想的なゲスト　Bon client
ブレイキング・ニュース　*Breaking news*
『カナール・アンシェネ』紙　*Canard enchaîné (Le)*
ロバート・キャパ　Capa (Robert)
記者証　Carte de presse
職業倫理憲章　Charte déontologique
五つのW　Cinq W
引用（全体引用、あるいは脱落のある引用）　Citation (en entier ou tronquée)
宣伝　Com'
「慎重を期しての」条件法　Conditionnel dit « de précaution »
コンフ（編集会議）　Conf'
信用、信憑性　Confiance, crédibilité
結託　Connivence
コンテクスト（文脈）　Contexte
ジャーナリストの労働協約　Convention collective des journalistes
誤植やよくある間違い　Coquilles et erreurs fréquentes
（実業家にとっての）道楽　Danseuse (pour industriels)
風刺画　Dessin de presse
名誉毀損　Diffamation

ジャーナリズム学校　École de journalisme
経済　Économie
発行責任者、編集長（英語の講義）　Éditeur, *editor* (cours d'anglais)
論説委員、コメンテーター　Éditorialiste, commentateur
エレモン・ド・ランガージュ（あらかじめ準備された論法）　Éléments de langage
調査　Enquête, investigation
米国　États-Unis
専門家　Expert
フェイスブック　Facebook
ファクトチェック（二つの意味）　*Fact checking* (2 sens)
三面記事　Fait divers
事実？　それとも意見？　Fait ou opinion ?
フェイクニュース　*Fake news*
統合する　Fédérateur
エバーグリーンな（テーマ）　Froid (Sujet)
無料　Gratuité
序列化　Hiérarchisation
重要な（本当に？）　Important (vraiment ?)
潜入　Infiltration
情報か、それとも宣伝か　Info ou pub ?
（よい）インタビュー　Interview (bonne)
ジャーナリスト　Journaliste
ジョゼフ・ケッセル　Kessel (Joseph)
出版と報道の自由　Liberté de la presse
編集路線　Ligne éditoriale
ロビー、「ロビートミーを施された」　Lobby, « lobbytomisé »
地方記者、記者、上級記者　Localier, reporter, grand reporter
メディアリンチ　Lynchage médiatique
定番の季節ネタ　Marronnier
メディエーター　Médiateur
街頭インタビュー　Micro-trottoir
レイアウト、演出　Mise en page, mise en scène
『ル・モンド』紙　*Monde (Le)*
近接性の法則　Mort-kilomètre

中立　Neutralité
『ニューヨーク・タイムズ』紙　*New York Times*
客観性　Objectivité
監視局、報道委員会　Observatoire, Conseil de presse
オフレコ　*Off*
切り取りフレーズ　Petite phrase
衝撃写真　Photos-choc
フォトショッパー　Photoshoper
広告トラップ　Piège à pub
出来高制《ピージュ》、出来高払いの記者《ピジスト》　Pige, pigiste
ベルナール・ピヴォ　Pivot (Bernard)
剽窃　Plagiat
論争　Polémique
ポジティブ（ジャーナリズム）　Positif (journalisme)
無罪推定（と犯罪調査における守秘義務）　Présomption d'innocence (et secret de l'instruction)
予想　Prévision
ピューリッツァー　Pulitzer
実話／小説、ドキュメンタリー／フィクション　Récit/roman, docu/fiction
訂正文、反論掲載権　Rectificatif, droit de réponse
編集長　Rédacteur en chef
ルポルタージュ　Reportage
ルヴュ・ド・プレス　Revue de presse
噂　Rumeur
スクープ　Scoop
情報源の秘匿　Secret des sources
編集実務責任者　Secrétaire de rédaction
（記事への）署名　Signature (d'un article)
ジャーナリスト組合　Société de journalistes
世論調査　Sondage
情報源、目撃者　Source, témoin
文体　Style
ニュースの追跡調査　Suivi de l'info
メディアの津波　Tsunami médiatique

文庫クセジュ　Q1069

ジャーナリズムの100語

2025年2月10日　印刷
2025年3月5日　発行
著　者　　フランソワ・デュフール
訳　者 © 村松恭平
発行者　　岩堀雅己
印刷・製本　株式会社平河工業社
発行所　　株式会社白水社
東京都千代田区神田小川町3の24
電話　営業部　03（3291）7811 / 編集部　03（3291）7821
振替　00190-5-33228
郵便番号　101-0052
www.hakusuisha.co.jp

乱丁・落丁本は，送料小社負担にてお取り替えいたします．
ISBN978-4-560-51069-8
Printed in Japan